新版 »

农产品短视频直播营销

史安静 高黎明 王艳芳 主编

中国农业科学技术出版社

图书在版编目(CIP)数据

农产品短视频直播营销 / 史安静,高黎明,王艳芳主编 .—北京:中国农业科学技术出版社,2021. 5（2022.10重印）

ISBN 978-7-5116-5299-7

Ⅰ.①农… Ⅱ.①史…②高…③王… Ⅲ.①农产品-网络营销 Ⅳ.①F724. 72

中国版本图书馆 CIP 数据核字(2021)第 077078 号

责任编辑 白姗姗
责任校对 马广洋
责任印制 姜义伟 王思文

出 版 者 中国农业科学技术出版社
北京市中关村南大街 12 号 邮编:100081
电 话 (010)82106638(编辑室) (010)82109702(发行部)
(010)82109709(读者服务部)
传 真 (010)82106650
网 址 http://www.castp.cn
经 销 者 各地新华书店
印 刷 者 中煤（北京）印务有限公司
开 本 850 mm×1 168 mm 1/32
印 张 6. 125
字 数 150 千字
版 次 2021 年 5 月第 1 版 2022 年 10 月第 5 次印刷
定 价 38. 80 元

《农产品短视频直播营销》
编委会

前 言

2021年是“十四五”开局之年，也是我国脱贫攻坚任务取得全面胜利后的第一年。站在新起点上，2021年政府工作报告、《中共中央　国务院关于全面推进乡村振兴加快农业农村现代化的意见》、国民经济和社会发展第十四个五年规划和2035年远景目标（简称“十四五”规划），均明确提出要巩固拓展脱贫攻坚成果，并与乡村振兴进行有效衔接。如今，面对中央的再部署、再动员，全面推进乡村振兴已经成为当下发展任务中的重中之重。

短视频平台近年来发展迅猛，与之相关的直播、拼单带货等也已成为农产品营销的新常态。短视频直播不仅是当下受欢迎的娱乐形式之一，还在扶贫工作中发挥了独特作用。电商扶贫、文旅扶贫、直播问政等新模式让乡亲们赚到了钱，让身处最基层的中国农民享受到了全面脱贫的伟大成果。

2020年，短视频直播行业已经进入了相对平稳发展的时期，但打造平台高品质的内容才是流量变现的重点。众所周知，在短视频领域有抖音、快手、火山小视频等多家实力强劲的短视频平台，“直播+短视频开发”已经成为农业发展的新增长点、农产品营销的新模式。我们始终认为：视频直播的重点在于互动社交，而短视频的重点则在于高质量内容产出。

现如今，短视频平台的技术水平、用户基础都在不断提升。相信在“十四五”期间乃至未来更长的时间里，短视频直播营销平台将充分发挥其优势资源，全面推动乡村振兴与脱贫攻坚的良性衔接，真正让“短视频+直播”成为巩固拓展脱贫攻坚、实现乡村振兴的“新农具”，为千千万万平凡人创造更多机会，为乡村振兴的全面推进添砖加瓦，让乡亲们的日子过得更幸福、更红火。

基于此，本书从众多的短视频直播运营者经验中，提炼出了实用的、有价值的技巧，用于帮助大家了解和掌握农产品短视频直播营销的“基本套路”，持续塑造和提升农产品品牌形象，达到农业增效、农民增收的目的。

本书的特色主要体现在3个方面，具体如下所述。

1. 实用性

本书在内容选择上将重点放在了实用性上，因此对于短视频直播运营者普遍关注的问题进行了透彻的讲解。整本书可谓干货满满，无论是短视频，还是直播运营，都能在本书中学习到一定经验和技巧。

2. 全面性

从内容来看，本书共7章，对短视频基础知识、如何做好短视频、如何做好直播、如何包装农产品等问题均进行了具体的说明，内容相对较为全面。

3. 实操性

对于大多数读者来说，实践往往比理论更重要。因此，我们在编写本书时特别注重内容的实操性。

由于编者知识水平有限，书中难免有疏漏和不足之处，恳请广大读者批评、指正。借此向所有参与编写本书的专家教授们表示衷心的感谢！

编　者

2021年3月

目 录

第一章　抢占风口：农产品短视频直播营销概述

【引导案例】

海南冬交会：网红直播带货 农产品销售“潮”起来

“宝宝们看啊，这就是我们的桥头地瓜，刚从烤箱里烤出来的，我吃给你们看，特别糯特别甜!”12 月 18 日上午，在冬交会澄迈展馆，两名装扮时尚的网红“小姐姐”正在为澄迈县桥头地瓜、福山咖啡等农特产品直播带货，一边从各个角度展示产品，一边与网友互动。

此时，作为一家网红直播带货企业的政府对接负责人，钟馨莹在后台也没闲着，根据直播的节奏和内容，她正在一旁动态指挥。“今年，直播带货行业红火，各方面需求增多，这一业态也越来越受到政府部门的提倡。”据钟馨莹介绍，上个月，她所在的企业刚刚进驻设立不久的海南自贸港网红孵化示范基地，这次受澄迈政府邀请，专程带了两名网红主播来做直播。“直播效果还不错，点赞量 3.7 万，评论有近 4 000 条。”钟馨莹说。

在海垦展馆内，同样开展了以“相约海垦馆，遇见好生活”为主题的淘宝直播，虽是 2020 年首次开展现场直播带货，但“阵仗”并不小，展馆专门设立了约 10 平方米的封闭直播间，影棚灯、直角架、光圈灯架、相机等专业设备一应俱全，专业网红主播为网友带来了咖啡、茶叶、杧果、乳胶枕等“网红”产品。

“海垦如今也要紧跟潮流，线上线下一起发力。”负责直播具体工作的海垦旗下商贸物流集团员工李女士说。下午时该场直播观众破万。

有需求，就有供给。既然是风口，就有人积极把握，海南美岁聚星文化传媒有限公司副总裁张鹏就是其中之一。2020年，他带了约20人的网红团队来到冬交会现场。“展馆或企业有直接需求的，都可以现场和我们联系合作，公司会立即分派网红支持。”张鹏说。

（资料来源：海南日报，2020-12-19）

【想一想】

农产品直播营销为什么能“潮”起来？怎么才能够“潮”起来，我们应该怎么办？

2016年被公认为我国直播元年，蘑菇街首先把直播引入电商带货，同年淘宝和京东的直播功能相继上线，2016—2017年是电商直播从萌芽到快速发展的时期，进入2018年，头部短视频平台入局，借助其可观的流量和已有的众多主播，短期内获得了较好的直播带货效果。2020年年初新型冠状病毒疫情暴发，直播电商成为各行业的救命渠道之一，发展速度之火爆超乎想象，各直播和视频平台也争相推出技术升级成果和运营新计划，直播电商进入全面开花阶段。

2018年，头部短视频平台开始尝试布局电商带货业务，在用户习惯养成和商家品效合一需求的共同推动下，直播电商带货交易规模于2019年飞速增长，并在2020年初迎来暴发。2019年中国直播电商交易总额达4 168亿元，预计到2025年将达64 172亿元。直播电商购物模式与传统电商购物模式有较大差异性，其凭借内容的丰富性和满足用户的社交互动需求而被越来越多的用户认可。预计到2025年，直播电商交易规模将占中国网络零售电商市场交易总额的23.9%左右。

如今，短视频直播电商已经重构了人们的社交方式、商品交易方式以及消费方式。可以预见，随着 5G 新基建的推进，短视频和直播有望成为新型职业农民的新农具，成为农业增效、农民增收的重要形式之一。

第一节　农产品直播营销的概念

一、农产品直播营销的基本概念

农产品是指来源于农业的初级产品，即在农业活动中获得的植物、动物、微生物及其产品。国家规定初级农产品是指种植业、畜牧业、渔业未经过加工的产品。主要包括：烟叶、毛茶、食用菌、水果、蔬菜、花卉、苗木、药材、粮油作物、畜、禽、昆虫、两栖动物类、水产品、林业产品、其他植物（棉花、麻、柳条、席草等）。

短视频即短片视频，是一种互联网内容传播方式，一般是指在互联网新媒体上传播的时长在 5 分钟以内的视频。随着移动终端普及和网络的提速，短平快的大流量传播内容逐渐获得各大平台、粉丝和资本的青睐。

“直播”一词由来已久，传统媒体平台就有基于电视或广播的现场直播形式，如晚会直播、访谈直播、体育比赛直播、新闻直播等。广播电视词典对直播的定义为：“与广播电视节目的后期合成、播出同时进行的播出方式。”

随着互联网的发展，尤其是智能手机的普及和移动互联网的速度提升，直播的概念有了新的延展，越来越多基于互联网的直播形式开始出现。

所谓“网络直播”或“互联网直播”，指的是用户在手机上安装直播软件后，利用手机摄像头对发布会、采访、旅行等进行实时呈现，其他网民在相应的直播平台可以直接观看与互动。

农产品短视频直播营销，指的是农业企业以短视频直播平台为载体进行农产品营销活动，从而达到品牌提升或销量增长的目的。2016 年，互联网直播进入暴发期，直播平台超过 300 家，用户超 2 亿人。现阶段谈到的“直播营销”“移动直播营销”等，多数情况下默认是基于互联网的直播。

二、互联网直播营销的优势

与传统媒体平台（电视、广播）的直播营销相比，互联网直播营销有以下两个显著的优势。

第一，参与门槛低。网络直播不再受制于固定的电视台或广播电台，无论企业是否接受过专业的训练，都可以在网上创建账号，开始直播。

第二，直播内容多样化。除传统媒体平台的晚会、访谈等直播形式外，利用互联网可以进行户外旅行直播、网络游戏直播、发布会直播等（图 1–1）。

图 1–1　景点直播

三、短视频直播营销的要素

基于互联网的直播营销，通常包括场景、人物、产品、创意四大要素。

1. 场景

企业需要用直播搭建销售场景，让观众仿佛置身其中。

2. 人物

主播或嘉宾是直播的主角，他的定位需要与目标受众相匹配，并友好地引导观众互动、转发或购买。

3. 产品

企业将农产品巧妙地植入主持人演讲词、道具、互动内容之中，从而达到将农产品营销软性植入直播的目的。

4. 创意

网民对于常规的“歌舞晚会”“朗诵直播”等已经审美疲劳，新鲜的户外直播、互动提问、明星访谈等，都可以为直播营销加分。

【议一议】

某新媒体团队打算尝试一场直播营销，搭建出一个带有公司 Logo 的微型客厅，邀请某明星到场分享自己的装修心得，并现场邀请观众互动提问。

参照本节内容，尝试分析这场直播的场景、人物、产品、创意分别是什么？

第二节　短视频营销的魅力

营销，就是根据消费者的需求去打造销售产品和服务的方式和手段。经过不断的探索与研究，营销的方式越来越多，包括网络营销、服务营销、体验营销、病毒营销、整合营销及社交营销等。短视频营销属于网络营销，也是具有巨大潜力的营销方式之一。与其他营销方式相比，短视频营销有哪些得天独厚的优势呢？作为影音结合体，它又具备了哪些独特的魅力呢？

一、互动多——交流沟通赢得好感

短视频营销很好地吸取了网络营销的优点——互动性很强。几乎所有的短视频都可以进行单向、双向甚至多向的互动交流，对于企业而言，短视频的这种优势能够帮助企业获得用户的反馈信息，从而更有针对性地对自身进行改进；对于用户而言，他们可以通过与企业发布的短视频进行互动，从而对企业的品牌进行传播，或者表达自己的意见和建议。这种互动性使得短视频能够快速地传播，还能使得企业的营销效果实现有效提升。

二、成本低——传播维护简单可行

与传统的广告营销少则几百万元，多则几千万元的资金投入相比，短视频营销的成本算是比较低的，这也是短视频营销的优势之一。成本低主要表现在三大方面，即制作的成本低、传播的成本低及维护的成本低。

短视频是否能够迅速地传播，并不耗费太大的成本，关键在于如何打造短视频的内容，内容有没有真正击中受众的痛点和需求点。例如，Papi 酱（姜逸磊）的自创简单小视频在初期都依赖她一个人的自导自演，却轻而易举地引得无数网友转发和评论。

一个小小的短视频竟获得了几十万的点赞量、评论量及转发量，当然，这其中也不乏利益的驱动，但总的来说还是达到了较好的传播效果。

Papi 酱的短视频之所以能够以较低的成本获得较好的营

销效果，是因为它能够命中广大受众的痛点，引起人们情感的共鸣。因此，Papi 酱的成功不是偶然。

【专家建议】

随着受众群体对短视频内容的要求不断提高，短视频的打造也慢慢开始向专业化、团队化发展。虽然制作短视频的门槛较低，但如果想要借助短视频的力量获得良好的营销效果，就必须要以专业化团队的力量作为支撑，而且短视频营销也在逐渐向专业化的方向不断前进。

三、效果赞——购买方式快捷方便

前面提到过，短视频是一种时长较短的图文影音结合体，因此短视频营销能够带给消费者图文、音频所不能提供的感官的冲击，这是一种更为立体、直观的感受。因此，短视频只要符合相关的标准，就可以赢得消费者的青睐，使其产生购买产品的欲望。那么，利用短视频进行营销时，需要符合以下三点标准：内容丰富、价值性强、具有观赏性。

短视频营销的效果比较显著，一是因为画面感更强，二是因为短视频可与电商、直播等平台结合，实现更加直接的赢利。

它的高效性就体现在消费者可以边看短视频，边对产品进行购买，这是传统的电视广告所不能拥有的优势，因为一般消费者在观看了电视广告之后，不能实现快捷购物，一般都是通过电话购买、实体店购买及网上购买等方式来满足购物欲望，但在这些方式中，消费者都不可避免地会遇到一些问题，如在电话中无法很好地描述自己想购买的商品的特征、不想出门逛街购物等。

【专家建议】

短视频营销的这一优势从消费者的购买行为上来看很明显，一般消费者在观看电视广告后较少产生购买的行为，一是因为电视广告没有相关的产品链接，购买不便捷，二是因为随着移动互联网的迅速发展，消费者大都喜爱利用上网的方式进行娱乐消遣，因此电视广告的受众范围有所缩小。这样一来，短视频营销就在市场中占据了一席之地。

而短视频可以将产品的购买链接放置在展示产品画面的四周或短视频播放窗口的周围，这样一来，就可以实现“一键购买”了（图 1–2）。

图 1–2 货物讲解与购买链接

短视频营销的效果其实就是得益于“边看边买”，虽然图片文字也可以传递信息，但不如短视频来得直接和富有画面感，更加容易激发消费者的购买欲望。同时，在短视频营销目前的变现模式中，电商这部分内容还是很值得挖掘的，因为电商发展得比较好，能够为短视频营销大展身手提供良好的平台。

四、指向性强——精准营销找对受众

与其他类型的营销方式相比较，短视频营销还具有指向性强这一优势，因为它可以准确找到企业的目标受众，从而达到精准营销的目的。那么它是如何在茫茫人海中找到产品对应的受众群体的呢？

一是短视频平台通常都会设置搜索框，对搜索引擎进行优化，受众一般会在网站上对关键词进行搜索，漫无目的地闲逛的概率不大，这一行为使得短视频营销更加精准。

二是短视频平台会发起活动和比赛，聚集用户。

五、传播快——迅速转发激起兴趣

短视频营销还拥有传播速度快、难以复制的优势，因为短视频营销本身就属于网络营销，所以短视频能够迅速地在网络上传播开来，再加上其时间短，适合现在快节奏的生活，因此更能赢得广大受众的青睐和欢迎。

此外，用户在与短视频进行互动的过程中，不仅可以点赞、评论，还可以转发。一条包含精彩内容的短视频，如果能够引发广大用户的兴趣并被他们积极转发，那么就很有可能达到病毒式传播的效果。例如，美拍、梨视频等平台上的火爆视频都可以通过转发来增加热度，实现短视频的营销。

短视频平台除自己转发和传播外，还积极与新浪微博这样的社交平台达成合作，将内容精彩丰富的短视频通过流量庞大的微博发布出来，进而吸引更多的流量，推动短视频的传播。

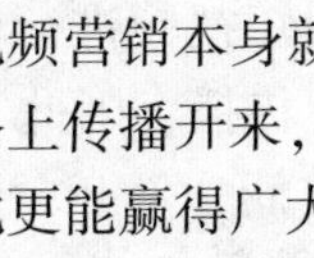

【专家建议】

新浪微博专门为短视频开设了专栏，也就是“视频”，足以见得它也开始重视短视频的发展。短视频的时长通常在 1~2 分钟，而且内容不同，播放量也有差别，有的多达几百万，有的才几百。这表明虽然短视频本身具备传播快的优势，但如果内容质量不过关，也是很难冲出重围，成为传播广泛的作品的。

短视频不仅传播快，而且还难以复制，这一优势从哪里可以看出来呢？图片、文章、音频等形式特别容易被复制，把别人的作品据为己有的情况常有发生，这严重地损害了原创者的利益，而很多短视频都可以加水印和原创者的联系方式，因此比较难以复制，这样一来就确保了信息的唯一性。

六、“存活”久——搜索引擎助力排名提升

利用短视频进行营销的一个好处是它的“存活”时间比较久。这么说可能有点抽象，做个比较，如果想要利用电视广告持续向大众展示产品，就需要一直投入资金，一旦企业停止支付费用，就会遭到停播，而如果利用短视频进行营销的话，一时半刻不会因为费用的问题而停止传播，因此“存活”的时间久。这也和短视频打造的成本较低分不开，例如快手、美拍、抖音上的短视频大多都是用户自己制作并上传的，所以费用可忽略不计。另外，大部分的视频网站和应用的搜索权重比较高，我们发布的短视频会快速被搜索引擎收录起来，短视频的排名会比图文内容好很多、快很多。

【专家建议】

这里提到的搜索权重又是什么意思呢？搜索权重中的“权重”一般是指网站权重，网站权重是影响网站排名的重要因素，如果通过搜索引擎进行搜索，那么搜索引擎就会按照权重等来展示结果。对于短视频而言，它的搜索排名会比较靠前，因此“存活”的时间相对而言就会长一些。

七、可衡量——营销效果在掌握之中

短视频营销具有网络营销的特点，因此可以对视频的传播和营销效果进行分析和衡量。一般的短视频营销的语言都是由数据构成的，这些语言形式其实也是有目共睹的，不管是社交平台上的短视频，还是垂直内容的短视频，都会展示出播放量、评论量等（图 1–3）。

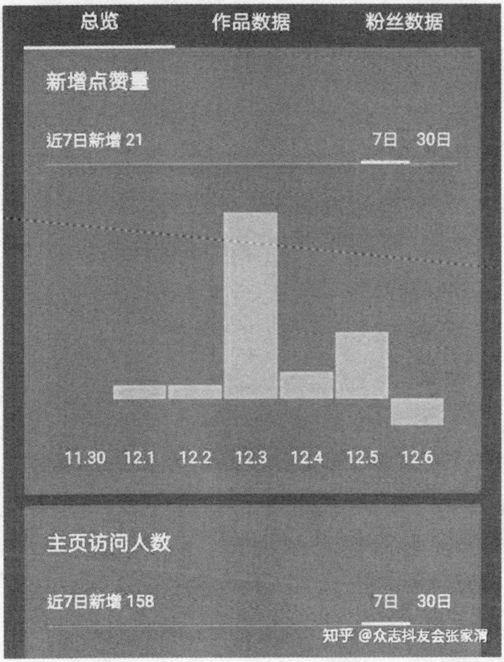

图 1–3　抖音账号点赞情况

【议一议】

短视频营销有哪些得天独厚的优势？

第三节　农产品直播营销的特点

直播营销之所以受到越来越多企业的青睐，主要是因为其具备以下三大特点。

一、即时事件

由于直播完全与事件的发生、发展进程同步，因此可以第一时间反映现场状态。无论晚会节目的最新投票、体育比赛的最新比分，还是新闻资讯的最新进展，都可以直接呈现。

二、常用媒介

收听或观看直播通常无须专门购买昂贵的设备，使用手机、电视机、计算机、收音机等常用设备即可了解事件的最新进展。也正是由于这一特点，受众之间的相互推荐变得更加方便，从而更有利于直播的传播。

三、直达受众

与录播节目相比，直播节目不会做过多的剪辑与后期加工，所有现场情况直接传达给观众或网民。因此，直播节目的制作方或主办方需要花更多的精力去策划直播流程并筹备软件、硬件，否则一旦出现失误，将直接呈现在受众面前，从而影响制作方或主办方的品牌形象。

【议一议】

农产品直播营销的特色有哪些？

【拓展链接】

直播火爆的11个原因

为什么创业的门槛越来越低？为什么注册和注销一个公司越来越容易？

消费经济到消费主义的转变就是消费者用脚投票，快速决策，感性消费的转变。

直播在5年前开始兴起，为何经历了共享经济和新零售之后才真正崛起？这里除了互联网技术层面因素，最主要的是消费者的消费习惯真的变化了。

工业化标准产品的消费进入了个性化消费产品时代！那我们来看看基于个性化消费主义时代的特点，直播火爆的真正内因是什么。

一、每个人都是主角

过去的商业社会规则是以重投资、重资产、重营销、重产出为代表，移动互联网时代的商业社会规则被互联网所重构，“个体+平台”成了冒险者的乐园。

1990年以前出生的民众可以归类为“旧社会人群”，1990年之后出生的民众是“新新人类”，是没有被传统所干扰的消费主力军。他们不再压抑自己的情感，不再压抑自己的个性主张，不再压抑自己的性格，因此导致更多个性的解放，同时个体创业的激情也被彻底点燃。

每个人都想成为这个时代的主角，因为，这个时代给了每个人公平竞争的机会！大量弯道超车的企业和个人会比明星的崛起和迭代速度更快！

二、直播工具平民化

过去认为互联网是高大上的行业，只有少数具有资源和技术的企业才能玩，而现在这样的时代过去了，更多的平台式企业给了大众从事各种各样的自由职业的机会。滴滴给了司机机会，淘宝给了店主机会，微信给了微商机会，直播给了内容创业者机会，自媒体给了作者机会……

直播需要什么条件呢？几乎零门槛，每个人都可以注册，都可以展示，都可以炫技。只需要花几百元采购点直播道具就可以开干了，甚至连道具都可以省掉，因为你有手机就可以开始！

三、直播地点碎片化

为什么说不远的将来，公司一定会消失？打工者会消失？办公场地会消失？人在哪里，网络就在哪里，手机作为终端设备连接了你和任何人、任何事！直播可以在家里，可以在户外，可以在咖啡厅，可以在农田，可以在工作室……空间成本无限降低！

四、直播人手精简化

过去开一家公司需要设置很多部门，招聘很多员工，目的还是卖产品。直播的出现一次性去掉了所有中间商，让消费者可以直接与最上游厂商对接。因此大家可以看到直播带货的产品价格全网最低，还有买有送，这是商业的未来；需要几个人呢？10平方米一个直播间只需要两三个人就可以年产值过亿的案例比比皆是。

五、直播内容细分化

每一个主播都会有自己独特的标签和个性，即所谓的个人IP。口红哥（李佳琦）只能卖口红吗？NO！薇娅（黄薇）只能卖服装吗？NO！但你的形象、你的性格、你的主打、你的语速、你的习惯、你的场景等都是独一无二的。现在想想，大把的细分行业或者内容可以让大家去突破！实在太多，这是片蓝海！

六、直播平台多样化

这里就不必细说了，大家都清楚，直播平台虽然很多，但其实大部分集中在几个流量巨头手上。微信直播、淘宝直播、抖音、快手、虎牙、映客、斗鱼等——巨大的流量会为每个人提供更多展示的机会（图 1–4）！

图 1–4　微信、抖音、快手图标

七、直播技巧标准化

图 1–5　直播带货课程学习

有的人问我，怎么做直播啊？网络直播的教程或者教直播的直播太多了，目前已经形成了完整的产业链条，免费加入学习—提供技术指导和装备—手把手教你上手—为你提供产品及流量—为你量身打造等（图 1–5）。一步一步收你的钱，让你学会！学会就一定会用吗？未必。

八、直播带货玩法多

直播的本质是消费者与产品的对话过程！过去的商业是单向的买卖关系，现在的商业必须考虑如何最大化地激发消费者的参与热情。只有你好玩、你的产品有趣，才会让消费者心甘情愿地买单，并且帮你免费传播。那么多的网红店怎么来的？就是这个原理。好玩大过好用，哪怕买的产品基本不用，但参与了过程，个体受到尊重，情怀得以满足，个性得以释放足矣！

九、观众消费直接化

过去我们逛街或者淘宝京东购物你会发现，产品琳琅满目，那么多的产品你试了又试，想了又想，比了又比最终才买单，现在的消费呢？当下，即时，立刻，马上，你甚至没有思考的时间就点击下单了。你没有选择的余地，因为只有一款产品；你没有选择的时间，因为要抢购。

十、产品社交货币化

社交货币这个词顾名思义，产品已经脱离了产品本身的使用价值，被主播赋予了社交属性，网红同款的产品可以让你晒朋友圈，可以让你彰显你的个性和主张，这就是产品社交货币化！如果你企业的产品没有附加文化属性，没有附加精神价值，那么出生就是老去！

十一、人找货 VS 货找人

传统商业是消费者主动去购物买商品，人不主动去则市场没有销量。这也是为什么互联网会对实体企业产生冲击的主要原因。现在是什么逻辑呢？货找人。你待在那里不动，也会有各种优惠券、各种拼团、各种扫码、各种链接发给你，精准地找到你（图 1–6）。如果不是平台的大数据分析找到你，就是你的亲朋好友推送给你——这就是货找人！拼多多、滴滴、瑞幸咖啡都是如此崛起！

图 1–6　拼多多红包分享

（资料来源：新商业船说，2020–03–03）

第四节　直播营销的四大优势

企业营销活动就是研发出满足客户需求的产品，将产品价值呈现给客户，并实现价值交换（企业交付产品、客户支付款项）。而在产品已经成型的前提条件下，企业营销的重点是呈现产品价值、实现价值交换两大模块。在传统的市场营销活动中，企业呈现产品价值主要依靠户外广告、新闻报道、线下活动等形式，企业实现价值交换则是借助推销员销售、自动售货机贩卖、电话下单与发货等方式。

而互联网直播的出现，给企业带来了新的营销机会。借助直播，企业可以在呈现产品价值环节支付更低的营销成本，收获更快捷的营销覆盖；在实现价值交换环节实现更直接的营销效果，收到更有效的营销反馈。直播营销的优势如下。

一、更低的营销成本

传统广告营销方式的成本越来越高，楼宇广告、车体广告、电视广告的费用从几十万元到上百万元不等。网络营销刚兴起时，企业可以用较低的成本获取用户、销售产品；但随着淘宝、百度等平台用户增加，无论搜索引擎广告还是电商首页广告的营销成本都开始变高，部分自媒体“大号”的软文广告费甚至超过 50 万元。而直播营销对场地、物料等需求较少，是目前成本较低的营销形式之一。

二、更快捷的营销覆盖

用户在网站浏览产品图文或在网店翻看产品参数时，需要在大脑中自行构建场景。而直播营销完全可以将主播试吃、试玩、试用等过程直观地展示在观众面前，更快捷地将用户带入营销所需场景。

三、更直接的销售效果

消费者在购买商品时往往会受环境影响，由于“看到很多人都下单了”“感觉主播使用这款产品效果不错”等原因而直接下单。因此在设计直播营销时，企业可以重点策划主播台词、优惠政策、促销活动，同时反复测试与优化在线下单页面，以获得更好的销售效果。

四、更有效的营销反馈

在产品已经成型的前提条件下，企业营销的重点是呈现产品价值、实现价值交换；但为了持续优化产品及营销过程，企业需要注重营销反馈，了解顾客意见。由于直播互动是双向的，主播将直播内容呈现给观众的同时，观众也可以通过弹幕的形式分享体验。因此企业可以借助直播，一方面收到已经用过产品的消费者的使用反馈；另一方面收获现场观众的观看反馈，便于下一次直播营销时修正。

互联网直播行业的发展已经超过 10 年。由于直播营销具有更低的营销成本、更快捷的营销覆盖、更直接的销售效果、更有效的营销反馈四大特点，预计未来会有更多的企业开始借助直播进行营销推广。

【议一议】

试述直播营销有哪些优势？为什么我们要做直播营销，做直播营销应该注意哪些事项？

第二章　装备利器：短视频直播硬件软件的筹备

【引导案例】

1 小时近 10 万元！网络直播带货引爆农产品营销新模式

2020 年沁水县的槐花蜜蜂文化旅游节有些不一样。“2020 年是我们连续第六年举办槐花蜜蜂文化旅游节，也是我们首次尝试利用花节平台，借助网络直播带货的方式推销我们的‘三农’产品。”

5 月 9 日，沁水第六届槐花蜜蜂文化旅游节开幕式在沁水县郑庄村举行。

沁水县郑庄镇党委书记李小马介绍说，2020 年的槐花蜜蜂节主要任务就是帮助老百姓销售农副产品，助力老百姓脱贫增收。网络直播带货无疑是一次新鲜的尝试。

“网友们很给力，直播开始不到 1 个小时，成交量就突破 5 000 件，收入近 10 万元。”李小马说，小雨连绵也挡不住大家“买买买”的热情，开幕式现场，农副产品线下销售同样火爆。

现场销售展出了包括蜂蜜、银耳、香菇、香油等在内的 12 种沁水当地的农产品，其中最受欢迎的就是山西圣康生物科技股份有限公司的槐花蜂蜜。

郑庄镇拥有十万亩（1 亩≈667 平方米）优质槐花林，近年来山西圣康生物科技股份有限公司吸收全县 600 余户蜂农，采取“公司+合作社+生产基地+蜂农”的方式，通过养蜂大户和建设标准化蜂场的示范带动，建成了全国最大的高档优质成熟蜂蜜生产基地，每年可生产各种优质成熟分离蜂蜜1 500吨，高档巢蜜300吨。2019年公司还成功申请了“沁水蜂蜜”这一地理标志证明商标，这是晋城市第一个地理标志证明商标，也是全省第一个蜂蜜类地理标志证明商标。在开幕式上，中国养蜂学会还授予其“中国成熟蜜基地”的称号。

带货现场，香菇、银耳等山货直播采摘，新鲜包装。沁水县舜晟农业发展有限公司展出的香菇，在直播中卖出1 000余斤（1斤=500克），这让总经理闫飞出乎意料。“网络带货面向全国，最远有来自福建的网友通过直播下订单。”

沁水县舜晟农业发展有限公司位于沁水县中村镇上阁村，目前已形成50万棒香菇种植规模，除建成养菌暖棚40标栋、香菇出菇棚50栋外，还有一条150万棒香菇菌棒生产线。出菇高峰期可带动近200人就业，人均年收入达到3万余元。“因为品质上佳，2019年开始我们的香菇就逐步打开国外市场，出口韩国、日本、美国等国家。”闫飞说，2020年受疫情影响，销量下滑严重。还好有农投公司的帮助，这次参加槐花节的网络带货，就是由农投公司统一组织。”闫飞口中的“农投公司”，是沁水县政府2019年投资1亿元注册成立的山西沁水农林投资发展有限公司。

“我们公司的使命，就是帮助老百姓打通农副产品的销售渠道。”山西沁水农林投资发展有限公司总经理董秀萍说，公司成立以来，通过政府、国企、协会、政策，以及优化供应链、整合产业链等综合措施，提高本地乡村产业组织化程度，引领乡村产业集群进化。“郑庄的槐花节名气不小，我们也带来了其他乡镇的农副产品‘借东风’。”董秀萍介绍，除中村镇的香菇、土沃乡的银耳、胡底乡的小米外，其他农产品也都有不俗的销售业绩。“虽然天公不作美，但完全不影响销售。”董秀萍说。农业特色产业也应该抱团发展，这场雨中槐花节的网络直播带货，彻底打通了全县“三农”产品的销售渠道。

（资料来源：老衲自媒体，2020-5-14）

【想一想】

短视频直播平台需要做哪些准备？

“工欲善其事，必先利其器”。做好一件事，准备工作非常重要。要做好短视频直播需要做哪些准备呢？下面分硬件筹备和软件测试两个方面进行介绍。

第一节　短视频直播硬件的筹备

短视频和直播所需要的硬件是不完全一样的。

一、直播硬件的筹备

农产品短视频直播首先要对硬件部分进行筹备。直播前期的硬件主要由场地、道具、设备三大模块构成。

（一）直播场地踩点

直播活动的场地分为户外场地和室内场地。

常见的户外直播场地有家庭农场、养殖场、加工厂、景区等。根据活动策划的需要，产品体验、街头采访、导购直播可以选择人流量充足的户外场地进行直播，增加直播节目的互动性；而户外直播如粉丝见面会、真人秀游戏等适合户外封闭场地，避免活动进行过程中出现不必要的麻烦而造成活动中止。

通常产品体验、产品演示、培训、见面会等直播内容比较适合在室内进行，常见的室内直播场地有办公室、店铺、住所、发布会场地等。在室内场地进行直播前，为营造直播氛围并突出宣传产品，可以对室内进行简单装修。由于室内较为封闭，为保障直播质量，直播现场不宜出现较多围观群众，以避免直播时收录的杂音对直播造成影响。

进行场地筛选时，要优先选择消费者购买与使用产品频率较高的场所，以拉近与观众之间的距离，加深观看直播后的产品印象。与此同时，可以按照活动策划需要，根据人数、活动内容、产品摆放等要素筛选场地。当直播活动需要长时间占用场地时，场地负责人需要提前与场地管理方及相关部门进行沟通报备，确保直播时段场地顺畅使用。

与此同时，场地负责人需要了解场地在安保、硬件设备、场地面积、搭建要求等方面的要求，以防止直播当天因以上问题造成直播活动的中断。

另外，户外直播场地需要提前考虑当地的天气状况，一方面需要准备下雨、刮风等事件的防范措施，另一方面设计室内备用方案，避免在直播中遭遇极端天气导致直播延期。

（二）直播道具准备

直播道具由展示产品、周边产品及宣传物料三部分组成。

产品作为直播活动的主角，需要在直播的各个方面均有所展现，其中有直播时使用的产品、产品展示架，同时包括产品宣传海报、产品玩偶等一系列以产品为中心的物料。提前对场地进行考察和测量，有助于制作规范适用的产品物料。

直播中的宣传物料范围较广，包括企业定制的海报、台标、胸卡、贴纸、气球等一系列能够出现在直播镜头中的宣传物料。

（三）直播设备筹备

直播设备是确保直播清晰、稳定进行的前提，在直播筹备阶段，需要对手机、电源、摄像头等设备进行反复调试，以达到最优状态。

目前直播的主流设备是手机，直播方在手机端安装直播软件，通过手机摄像头即可进行直播。当使用手机进行直播时，需准备至少两台手机，并且在两台手机上同时登录直播账号，以防手机出现问题影响直播。

虽然手机可以便捷移动并大大提高直播效率，但受手机电池电量、网络信号等因素制约，由此还需要借助直播辅助设备进行优化。

1. 电源

通过手机进行移动直播，这对手机续航能力是极大的考验，在进行正式活动直播前可进行直播测试，衡量某段时间的直播所耗费的电量。

便捷携带的移动充电宝是移动直播的必备电源，经实测，直播手机电量剩余 50%左右时就必须开始对手机进行充电，以剩余电量的续航时间换取充电时间，满足后续直播用电，保障直播不因电量原因而中断。

个别情况下可以携带插线板，为移动充电宝进行充电或在固定机位进行直播时对直播手机进行快速充电。

2. 无线网络

无线网络的网络速度直接影响直播画面质量及观看体验。

室内直播时，若室内有无线网络且连接设备较少，网络质量较佳，可以选择使用室内网络进行直播。在正式直播前，要对直播所用手机进行测试，当无线网络不满足直播需要时，要提前发现并解决网络问题。在户外进行直播时，无线网络往往无法满足直播需求。此时需要购买“流量卡”支持网络需求，“流量卡”与手机卡相似，可以直接插入手机使用，或购买移动 Wi-Fi，把“流量卡”放入“移动 Wi-Fi”设备中，发射无线网络热点，直播所用手机连接无线网络热点进行直播。目前一场持续一个小时的直播约需要 500 兆流量。

3. 支架

直播支架包含固定机位直播支架和移动机位防抖直播支架两种。

固定机位直播支架又包含单台手机及多台手机固定机位支架。单台手机直播时，可以使用如三脚架、懒人手机支架等；多台手机直播时，可以使用多平台直播支架，可支持5台以上手机同时直播（图2-1）。

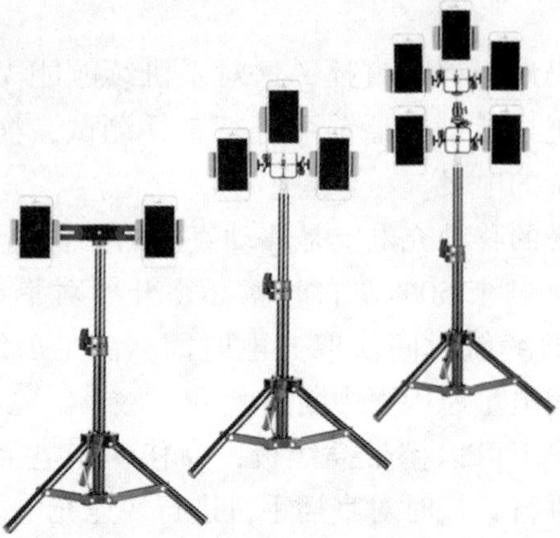

图2-1　固定机位直播支架

对于主播而言，长时间手持手机进行直播并不实际，手机直播时抖动会对观看效果造成影响。目前市场上仅支持单台手机的设备防抖处理。

关于移动机位防抖，可以使用手持手机稳定器，或手机防抖云台进行防抖处理，三轴防抖效果最好。

4. 补光灯

直播时多使用前置摄像头进行直播，在暗光环境下进行直播时并不能取得较好的观看效果。因此需要对主播进行补光。

补光灯建议使用支持冷光和暖光两用类型的灯，同时打开冷光和暖光，避免因冷光造成的皮肤过白或因暖光造成的皮肤过黄的现象。

直播用补光灯非常小巧，方便携带使用；而自带电源的补光灯不用手机电源驱动，使用更加便捷，但直播用补光灯并非专业设备，补光效果仅限 1 米左右，在进行大型活动直播补光时，还需使用专业补光灯（图 2-2）。

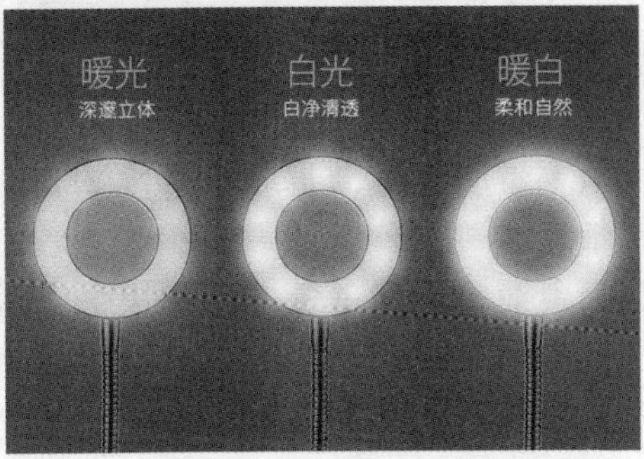

图 2-2　专业补光灯

5. 收音

即便是在安静的环境下，直播手机距离主播越远，手机的收音效果也会越差；如果是在嘈杂的环境下，距离 1 米以上就需要外接收音设备来辅助收音。

收音设备分为两种，第一种是蓝牙耳机无线收音，随着越来越多的直播引用支持蓝牙耳机功能，可以使用蓝牙耳机进行辅助收音；第二种是外接线缆收音，适合对多人进行采访时使用（图 2-3）。

6. 提词

直播活动的及时性要求在直播中不能出现任何差错及穿帮行为，在直播过程中，想要向主播提示某些关键词时，就需要提词器来配合提词。提词内容包括产品关键信息、抽奖

图 2–3　收音设备

信息、后续活动信息和向其他平台导流的台词等。一场直播内容较多，主播要讲的内容也非常多，不做提词难免会在直播中遗漏关键信息。

提词器包括主播手卡和白板。手卡中需提前填写直播中需要主播讲出的信息，包括产品名字、构成成分、使用人群、优惠活动、抽奖规则等。

白板为手写板，尺寸不宜过大，白板不能出现在直播中，其用途为在直播过程中，当需要对主播进行场外沟通而又不方便出现在直播镜头中时，可以将沟通内容通过手写板向主播传达（图 2–4）。

图 2–4　白板

7. 相机

相机并不出现在直播中，但是直播活动的宣传需要高清大图，因此需要使用专业相机来拍照；同时专业相机可以对现场进行视频录制，以便后期剪辑视频进行宣传。

相机方面推荐使用单反相机，若需要录制视频并后期剪辑，至少需要两台单反相机，方便固定机位全程录制、移动机位随机录制以及拍照。

以上七条准备工作包含大量直播所需的设备物料，部分设备可以通过电商平台搜索相应关键词，根据直播实际需要进行采购。

【议一议】

某书店计划筹办“读书日”，拟邀请 3~5 位书籍作者参与当天的读书会并现场直播。

假如你是本次活动的负责人，请设计前期需要准备哪些硬件。

二、短视频硬件的筹备

拍摄短视频的第一步就是选择设备。设备的选择也是一门学问，涉及专业度和预算，不同的团队规模和预算有不同的选择。

（一）拍摄设备的选择

1. 手机

对于初始团队来说，由于前期资金有限，我们推荐使用手机拍摄。例如，华为、iPhone 的高端机型已经具备非常强大的功能，可以满足剪辑、拍摄、发布的要求（图 2-5）。

2. 微单相机

对于预算有限又有视频画质改进需求的团队来说，8 000

图 2-5　手机拍摄

元起步的微单相机是不错的选择，这里特别推荐三款机器。

（1）斯莫格 BMPCC。这款摄影机外形小巧，能放在口袋里随身携带，因此也称为口袋摄影机；画质也不错，拍摄的视频电影感比较强，很适合作为入门的选择。图 2-6 为斯莫格 BMPCC。

图 2-6　斯莫格 BMPCC

（2）松下 GH5。松下 GH5 可以拍摄 6K 和高速 96 帧/秒的高速镜头，有 v-log 升级。这三项技术的加持，使得松下 GH5 目前在视频拍摄领域享有很高的声望（图 2-7）。

（3）SONY A6300。2016 年年初，索尼发布了具备 4K 视频功能的半画幅 A6300，画质清晰，外观小巧精致。SONY A6300 可以拍摄 4K 视频，还具有 S-LOG3 曲线，可以大幅提升视频的宽容度。图 2-8 为 SONY A6300。

图 2-7 松下 GH5

图 2-8 SONY A6300

3. 单反相机

当短视频团队发展到稳定阶段，要面向广大的用户，甚至可能接电商短视频广告时，对画质和后期的要求越来越高，就需要考虑更专业的单反相机了。

（二）灯光设备

摄影是光影的艺术。灯光造就了影像画面的立体感，是拍摄中最基本的要素。相对于电影复杂的灯光布置来说，大部分短视频的拍摄要求不高。这里介绍一种可以满足基本拍摄需求的基础三灯布光法。图 2-9（示意图）、图 2-10（实物图）为三灯布光法位置图。

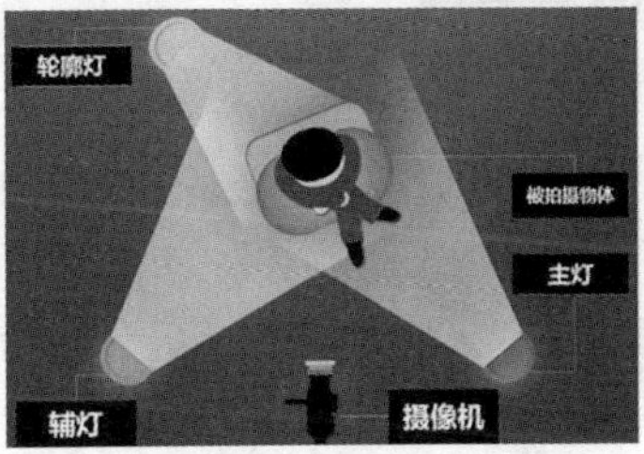

图 2-9 三灯布光法（示意图）

图 2-10 三灯布光法（实物图）

1. 主灯

主灯作为主光，通常用柔光灯箱，是一个场景中最基本的光源，能够将主体最亮的部位或轮廓打亮。主光通常放在主体的侧前方，在主体与摄像机之间45°~90°范围。

2. 辅灯

辅灯作为补光，亮度比主光小，通常放在主光相反的地方，可以对未被主光覆盖的主体暗部进行补光提亮。这里要提到一个重要概念——光比。光比可以被理解为光照强度的比例。主灯和辅灯的光比没有严格要求，常见的是2∶1或4∶1。

3. 轮廓光

轮廓光也称为发光，本质就是修饰，用于打亮人体的头发和肩膀等轮廓，增强画面的层次感和纵深感。轮廓光的位置大致在拍摄主体后侧，和主光相对的地方。可以通过图2-9所示的灯光对比图示来感受一下不同灯光的效果。左图是主光效果；中间图是主光+轮廓光；右图是主灯+轮廓光+补光的效果，大家能够通过对比直观地感受到不同灯光带来的视觉差异。

除以上3种主要的灯光外，还有一些灯光可以根据需求搭配。图2-11是灯光设备图示。

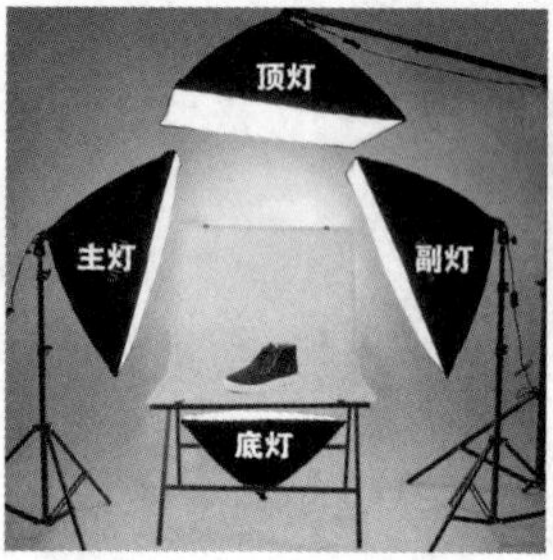

图2-11　灯光设备

（1）便携灯。拍外景的灯光，体积小，重量轻，方便携带。

（2）反光伞。反光伞通常放置于主灯或辅灯上，用于形成柔和的散射光。

（3）无影罩。将一半透光的白布制作成的灯罩套于灯头上，就形成了简便直接的散射光转换装置。

（4）尖嘴罩。作用和无影罩相反，装在灯头前，形成聚光的效果。

（三）辅助器材

1. 三脚架

三脚架的最大作用就是保持摄像机的稳定，保证画面的稳定输出。选购三脚架有下面几个要点。

（1）稳定性。稳定性是首选因素，通常来说，三脚架越重，稳定性越好。

（2）便捷性。可多角度流畅旋转的三脚架能省去手动调整的时间。带轮子的三脚架是首选，可以平滑运镜，避免移动时晃动镜头。图 2–12 为智云稳定器。

图 2–12　稳定器

2. 静物台

使用静物台更有利于打光。很多时候，静物台可以用桌子、椅子、凳子、茶几、纸箱等替代。图 2–13 是静物台的实体拍摄图。

图 2-13　静物台

3. 摇臂

摇臂极大地丰富了电视节目的镜头语言，增加了镜头画面的动感和多元化，给观众创造身临其境的感觉。由于摇臂摄像机特有的长臂优势，经常能拍到其他摄像机不能捕捉到的镜头。但摇臂价格较高，对于个人及小团队来说，可以选取一些能够平稳运动的设备，如自行车、小推车甚至滑板。

4. 滑轨

在无动态人或物出镜的时候，画面中的产品就是静止的。为了实现动态的视频效果，需要借轨道的移动来呈现。

5. 话筒

拍摄短视频时声音的清晰度很重要，因此配置话筒很重要。推荐一款非常经济的话筒——Rode Videomicro，如图 2-14 所示。它有很多优点，如音质好，有很强的适配性，可以安插在任何一个摄像机上。

图 2-14　Rode Videomicro 话筒

除此以外，多人录制或者外景录制时，只要准备好吊杆，一个 Rode 就可以搞定。

值得注意的是，短视频创作者并不需要购买全部短视频设备和辅助器材，具体视拍摄需要决定。很多短视频大号也只是用非常基础的设备。

【议一议】

有一位短视频创作者，计划投资 2 000 元购买器材，请你帮他列出购买清单。

第二节　短视频直播平台软件测试

硬件调试的同时，新媒体团队需要对直播网站、直播软件等进行初步设置及反复测试，以免由于操作不熟练或软件自身问题而在直播现场出现失误。

一、直播平台软件的测试

在直播开始之前，企业新媒体团队需要对直播软件进行反复测试，确保熟练操作、不发生操作失误。

直播软件的测试主要由两部分组成，第一是主办方视角，熟悉直播开始按钮、镜头切换方法、声音调整方法等操作；第二是观众视角，新媒体团队需要以个人身份注册直播账号，进入直播间观看，从普通观众的角度观察直播界面；如果发现问题需要及时优化。

观众视角测试比较简单，进入直播间后看画面、听声音、发弹幕，都没有问题，就可以结束。而主办方视角涉及多种相关操作，需要反复练习，做到熟练操作。

直播网站包括花椒直播、映客直播、一直播等。此处以花椒直播为例，需要反复测试并熟悉的功能包括以下几方面。

1. 小视频发布

在“关注”页面通过右上角按钮可以发布小视频、照片。

2. 设置头像

可在直播前的设置中点击头像进行更改。

3. 设置私密直播模式

在直播前的设置中点击上方“私密”，私密直播包含密码进房、收取门票（Ⅱ级主播开启）。

4. 直播连线功能

要求完成主播新手任务达到Ⅰ级主播才能开启。

5. 镜像功能

直播过程中支持镜像开功能，点击“镜像开”，可以方便观众看清镜头里的文字图片。

6. 添加场控

场控拥有对不和谐的用户禁言和踢人的权利，花椒直播支持添加“场控”，在底部导航栏“我的”—“设置”—“我的场控”输入场控的昵称或ID进行添加。

7. 直播录制

在直播中点击底部摄像机按钮，录制时长最短5秒，最长63秒，支持为主播录制及主播自行录制。

二、短视频软件的测试

（一）视频制作、剪辑App

1. 剪影App

“剪映—轻而易剪”号称“抖音官方剪辑神器”（图2-15）。

优点：快速自由分割视频，一键剪切视频；0.2~4倍，节奏快慢自由掌控；时间倒流，感受不一样的视频；多种比例和颜色随心切换；支持交叉互溶、闪黑、擦除等多种效果。

也许是号称抖音官方剪辑工具，契合度可谓天衣无缝。

图 2-15　剪映图标

而且剪映 App 支持抖音曲库，还有各种风格配乐和转场音乐，基本可以满足大部分用户的剪辑需求。

每一个功能都有 20 分钟左右的录屏实操课程，相当于手把手一对一地教你如何玩转这款视频剪辑工具。

缺点：分享的路径非常单一，只能分享到抖音。

2. VUE

优点：Vlog 拍摄工具（图 2-16），拥有多款实时滤镜、动态美颜、多镜头拍摄和编辑的 App。简单易上手，能够满足大多数人对视频剪辑的需求。

界面整洁，操作简单，正方形、宽幅、超宽画幅以及很难有的圆形画幅，这个是其他 App 里没有的。

图 2-16　VUE 图标

全面适配微信朋友圈短视频，自行设置画幅、时长和分镜头数，默认最短时长 10 秒可以适配朋友圈小视频分享。

有自己的社区频道内容，以及主题分组，也可以关注相关的 Vlogger 互动与学习。

缺点：无法加字幕，需要导出在其他工具中添加。

3. Quik（苹果 & 安卓）

优点：完全免费，非常良心的产品（图 2-17）。

和名字相匹配，只需通过两次点击，就能制作精美的视

图 2-17 Quik 图标

频。提供了 24 种视频风格，每种风格拥有自己独特的转场效果和背景音乐，还有内置“爵士”“电子”“复古”等 9 种类型的 90 首音乐，以及 13 种滤镜，只需要点击自己喜欢的风格，通过特殊算法找到视频「最佳时刻」，会自动形成一段精美视频，能够把制作好的视频导出应用。

缺点：字幕功能少，不能添加自己的音乐。

4. Inshot

优点：增强版的简易视频编辑应用，包含了剪切、画布、滤镜、音乐、贴纸、速度、背景、文本、旋转等功能（图 2-18）。

图 2-18 Inshot 图标

除了剪切可以掐头掐尾，还可以对视频进行剪切，可以前后剪切，中间加入别的视频或者照片，还可以产生上下分割效果。

可以去商店下载免费的贴纸应用。

缺点：免费版有水印，需要每次点一下删除，如果想要永久去除水印，并解锁更多滤镜，就需要花钱购买 Pro 版本。

免费贴纸需要看二十几秒的广告才能下载。

5. 美册（苹果 & 安卓）

优点：全能傻瓜式视频制作与剪辑工具（图 2-19），抖音平台的热门视频基本都有模板可以直接制作。

图 2-19　美册图标

能够直接讲解各个热门视频内容的玩法教程，简单易上手，还包含视频编辑中的变音、封面、字幕等功能，同时还有相应的 QQ 群供大家学习交流。

视频剪辑中包含转码、变速与改变比例等效果，能够满足不同场景下的短视频需求。

缺点：导出视频保存在本机等功能需要收费，输出清晰度会有轻微模糊情况。

6. 猫饼

优点：可以添加字幕、音乐、录音，滤镜很多，这款 App（图 2-20）的独特之处在于能让视频变得鬼畜，当然也可以手动设置去水印。

缺点：每次最多可以选择 9 个视频。

图 2-20　猫饼图标

7. 美拍

优点：可以剪辑视频，也可以合成视频，滤镜多，还可以变速、加字幕、贴纸。

缺点：视频不能超过 5 分钟（图 2-21）。

图 2-21　美拍图标

8. 字说

字说是一款可以制作文字动画视频的 App（图 2-22），在手机上即可制作出有动画效果的文字动画视频。抖音上很火的滚动字幕，大多数是利用字说来完成的。可以语音变视频，一键生成文字动画视频。

图 2-22　字说图标

文字动画有字体效果和风格可以设置。字体、文字颜色、特殊文字颜色、视频背景等均可自定义，可以做出个性的文字动画视频。

（二）电脑视频剪辑工具

1. Pr

对于想要利用抖音变现的人来说，Pr 是很专业的一款工具。它易学、高效，可以非常好地把视频剪辑拼接，甚至调色、美化音频、添加字幕，帮助你完成高质量的作品（图 2–23）。

图 2–23　Pr 图标

2. Ae

Ae 是一款图形视频处理软件，可以将 2D 和 3D 进行合成，利用数百种预设的效果动画，为作品添加精美的视觉效果（图 2–24）。

图 2–24　Ae 图标

3. 快剪辑

快剪辑操作简单便捷，可以在线边看边剪，利用快剪辑可以简单快速完成并分享短视频作品（图 2–25）。

图 2-25　快剪辑图标

（三）视频素材来源

1. Videvo

Videvo 网站是一个提供完全免费的视频录像和动态动画视频的网站，这个网站致力于收集一些互联网中免费的视频片段。

2. 爱给网

音乐特效网站，网址：https：//www. aigei. com。

3. Pexels

Pexels 聚合了国内外所有免版权的图片网站，超过 3 000 万张免费商用高清图片可以无限下载。网址：https：//videos. pexels. com。

4. Vidlery

Vidlery 是专注动画的网站，风格多样，但大部分画风较为简单，下载也很容易。网址：https：//vidlery. com。

（四）制作漂亮封面

1. 创客贴

操作简单，提供图片素材和设计模板，通过简单的拖拉拽操作就可以设计出海报、PPT、名片、邀请函等各类设计图（图 2-26）。

2. 图怪兽

图怪兽是一个在线 PS 图片编辑器，它相当于 PS 精简版

图 2-26　创可贴图标

软件，可提供微信编辑器功能、在线 PS 照片处理、在线拼图、在线图片制作、在线设计、平面设计、海报设计、在线图片处理等功能（图 2-27）。

图 2-27　图怪兽图标

3. 稿定设计

稿定设计是一个简单有趣的图片视频设计平台，提供大量免费设计素材、免费设计、视频模板、在线抠图功能和电商海报设计模板等，一键搞定设计需求（图 2-28）。

图 2-28　稿定设计图标

（五）其他好用的工具

1. 图虫 App

抖音上的卡点视频一直非常火，也有很多卡点视频教程，但是操作起来都比较麻烦，所以新手比较推荐用图虫这款 App 来一键卡点。

因为图虫的一键卡点功能是目前为止我们发现的最简单的卡点教程，只需要上传照片（最多支持 78 张照片），选择音乐，就能够自动卡点，简直是傻瓜式操作，人人都能轻松上手（图 2–29）。

图 2–29　图虫图标

2. Az Recorder

虽然录屏功能早已成了手机标配，但是大部分机型录屏的成像效果以及操作体验都称不上合格。

Az Recorder 是一款安卓平台的老牌录屏应用，已在录屏领域深耕多年，除满足最基本的录屏功能外，还支持多种停录操作：摇晃停录、定时停录、息屏停录、通知栏停录等；支持录屏添加文字或者图片水印；支持录屏开启前后相机拍摄，并同步录入视频文件；支持录屏涂鸦；支持后期剪辑（图 2–30）。

图 2–30　Az Recorder 图标

3. EV 录屏

EV 录屏是在电脑上使用的专业视频录制软件，可录制游戏、聊天、会议、网络课程、个人演示等多种视频，操作简单，高清录制，多种格式输出，声画同步不卡顿（图 2–31）。

4. 迷说

迷说是一款对话设计软件，将传统的小说文本通过短信对话形式进行呈现，模拟微信对话，平台上的 UGC 内容有很多素材可以借鉴，也可以自己创作对话录屏。支持 iOS、安卓（图 2-32）。

图 2-31　EV 图标

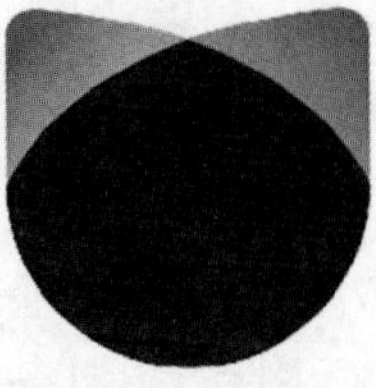

图 2-32　迷说图标

5. 快闪

在抖音中大家应该都看过那种很酷的快闪字体视频吧，这些都是用 AE 模板或者 PPT 快闪模板制作的。我们只需要在手机 App 应用商店搜索“Tab 相机”，下载 App 进行制作即可，最快只需 3 秒（图 2-33）。

图 2-33　快闪图标

【议一议】

以快手直播为例，了解其操作重点。下载抖音或微信视频号直播，描述操作流程。

第三章　甄选平台：四大短视频直播平台介绍

【引导案例】

搭上“流量”快车　田东杧果走向全国

演员刘涛与扶贫干部潘玛莉合力卖出4万斤田东杧果。

广西田东桂七香杧亮相聚划算官方直播间，当场直播销售金额突破56万元。

“刘一刀今天给大家带来的这个杧果，真的是太好吃了！”7月22日晚，作为聚划算首席优选官、著名演员刘涛化身“刘一刀”，在聚划算官方直播间里现场推介了当场第一个亮相的产品——广西田东的桂七香杧。她一边试吃，一边向“刀客”们介绍杧果的各种吃法，为当天的直播打开了“甜蜜蜜”的开头。国家发改委挂职干部、田东县委常委、副县长潘玛莉也与网友们视频云助力。

广西田东县是国家发改委定点扶贫县，因自然条件非常适合种植杧果，被誉为“中国杧果之乡”，也是桂七香杧的主产区。潘玛莉坦言，希望借助这次直播，能让更多的人了解桂七、品尝桂七，也希望通过线上线下相结合的消费扶贫方式，助力更多的好产品走出大山。据统计，桂七香杧在当场直播销量约4万斤，销售金额突破56万元，销售总件数超90 000件。

中国改革报、改革网记者了解到，官方直播间在淘宝直播上蔚然成风，此番刘涛入驻的聚划算百亿补贴直播间，是阿里经济体业务在淘宝直播上的官方直播间之一。同时，为聚焦贫困地区农产品上行，汇聚全国消费合力，推动社会各界参与扶贫，国家发改委挂职干部积极对接阿里巴巴集团，也在该直播间宣传当地特色农产品。

“直播带货”为贫困地区搭上互联网快车发展经济提供了新机遇，既可以拓宽农产品销售渠道，又能增加农户收入。但要想让“头回客”变“回头客”，则必须要保证产品的质量。直播中，刘涛对桂七香杧味道赞不绝口的同时，不忘多次强调所有杧果都是现摘现发以保证新鲜度。从田间地头到消费者餐桌，只有高品质的产品才能积累良好口碑，不断发挥持续购买能量。

2020年，一场突如其来的新冠肺炎疫情，打乱了不少行业运行的脚步。“直播带货”这种近年才出现的新业态却异军突起，帮助商家解决销售渠道受阻的燃眉之急，也在脱贫攻坚的决战决胜之年，充分发挥直播电商的消费扶贫作用。正如习近平总书记指出，电商作为新兴业态，既可以推销农副产品、帮助群众脱贫致富，又可以推动乡村振兴，是大有可为的。

消费扶贫，一头连着贫困家庭，一头连着广大消费者，是发挥市场机制、动员社会力量通过消费助力扶贫产业的有效举措。据统计，2019年东部沿海地区直接采购和帮助销售贫困地区农产品483亿元，中央和国家机关、中央企业直接采购和帮助销售定点扶贫县农产品154亿元，组织、引导和带动其他各类国有企事业单位、民营企业和社会组织直接采购和帮助销售贫困地区农产品超过1 000亿元。2020年上半年，中西部22个省份就认定了6.3万余个扶贫产品，消费扶贫销售金额超过了784亿元。

（资料来源：中国改革报，2020-07-23）

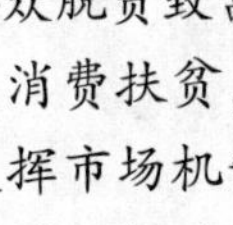

【想一想】

为什么说短视频直播平台非常重要，该怎么选择？

说起直播带货，大多数人可能只听说过淘宝主播——薇娅和李佳琦。但是，直播带货平台不仅仅只有淘宝平台，快手、抖音、微信都可以做直播带货，这四大平台都实现了短视频直播和电商之间的无缝连接，成为直播界的“四大天王”。

第一节　淘宝直播

在2016年直播元年，大部分人只知道花椒、映客平台，很少有人知道淘宝也上线了直播板块，那时，淘宝直播板块的位置还在手机淘宝 App 的第四屏，即打开手机淘宝后，要用手往下划4下，才能看到入口。那时的淘宝直播机构也很少，第一批仅有30家，到2017年年底，机构数量被严格控制，基本上维持在170家左右（图3-1）。

图3-1　淘宝 Logo

2018年3月30日之后，淘宝直播板块的位置移到了淘宝 App 第一屏的位置，流量一下子从百万级上升到了千万级，较早入住的机构纷纷获益。同时，机构和商家直播都被放开了限制，只要商家有 MCN 模式运营经验，都可以申请开通淘宝直播。据统计，2018年淘宝直播在淘宝站内引导成交量达到1 000亿元。

2020年2月17日，淘宝发布了两份《淘宝经济暖报》，这两份暖报的上线预示着：疫情期间，企业复工不是梦！根据相关数据统计，2月以来，大约有3万人首次在淘宝开店，新开店数量前三名的省份为广东、浙江和江苏。

“街上没人，不代表没人逛街”，数据显示，淘宝直播“云卖方”已吸引200万人观看；明星开淘宝“云演唱会”，接近400万人一起“嗨”；各类汽车品牌开启淘宝“云试驾”，引发众多“汽车发烧友”的追捧。

自2020年2月以来，新增的淘宝直播间数量已翻了一番，开播场次也上涨了110%，由此可见，对于电商而言，淘宝可以算是直播平台里流量最大、品类最多的带货渠道，是众多商家促进销售、发展品牌的首选。

一、淘宝直播的用户画像分析

在2019年淘宝“6·18”大促活动结束后，淘榜单联合淘宝直播发布了一篇名为《天猫6·18淘宝直播消费者画像》的文章，这篇文章中显示，直播间的消费主力是“90后”，同时“00后”的消费实力也不可小觑。

据统计，“90后”“00后”用户在直播间里购买的主要商品类型的前三名是美容护肤、女装和彩妆香水，而“60后”“70后”的用户则更喜爱购买珠宝等。从购买区域来看，直播消费人数最多的是江苏、广东、浙江等沿海省份，虽然地域不同，但用户们喜爱购买的商品大致相同，大多是女士护肤、彩妆与女装用品。除一二线城市的用户外，三线及以下城市的小镇青年在直播间的购买力也很强，其中，三线以下城市的直播成交量与一线城市几乎持平。

通过数据，我们可以总结出淘宝直播用户有以下特点。

第一，以25~35岁的青年女性为主。

第二，这部分用户群体有“三高”——高停留时长、高复购率、高客单价。

第三，淘宝直播的用户群体主要消费的商品为服饰、美妆、食品生鲜、家居百货等。

总之，如今观看淘宝直播并下单的用户呈年轻化趋势，主要是以女性用户为主。

二、淘宝直播平台的优势

各路达人和商家纷纷入驻淘宝直播平台，使得该平台的竞争非常激烈，那么，淘宝直播平台到底具有怎样的优势与魅力，才能受到这么多人的青睐呢？

首先，淘宝直播是商家售卖产品的辅助工具，它的目的是为平台带来额外流量，从而提升商家的产品销量。

根据用户多年运营淘宝直播的经验，淘宝直播具有以下优势。

1. 即时性

淘宝直播的信息传达是面对面的，因此，只要主播引导得当，那么对直播期间获得的流量转化的效果是相当不错的。

2. 超强互动性

淘宝里的主播相当于线下导购的角色，主播可以通过淘宝直播平台解答用户的各类疑问，从而提升线下门店的转化率。

3. 获取渠道多

只要有无线网，智能手机、平板电脑、台式电脑都能在线收看淘宝直播的内容。

4. 直播品类多，受众广泛

在淘宝直播里，商品种类很多，既有服装饰品，又有家用百货，可谓是“应有尽有”，因此，淘宝直播的受众是很广泛的。

三、淘宝直播平台的发展方向

目前来看，如果是个人，要想在淘宝进行直播带货，最好选择去找机构“挂靠”，这是因为机构有完善的商家、商品和主播运营经验。如果是商家店铺的话，可以开店铺直播，并且在店铺首页放图片入口，引导用户看直播。

淘宝上的直播带货分类，服装、美妆是大类目，但服装类的直播带货目前在杭州、广州地区效果较好，其他地区有待观察，同时，服装类直播带货节目观看量很高，但用户购买服装后的退货率也很高；而美妆类直播不限场地，但前提是主播要具备专业的美妆知识，尽管有时候美妆类直播的观看量并不高，但其利润率很高，退货率一般较低；珠宝是2018年刚兴起的一个直播类目，其发展与珠宝原产地有关，如果原产地不产这些东西，商家就没有货源。美食类直播也是一个观看量较高的类目，但是利润率不高，如“村播”，这是由淘宝官方扶持，以公益扶贫为主的直播项目。此外，母婴类目看上去市场很大，但是市场空间不大，主播直播带货的动力不足；再者就是医美、家居生活和花鸟鱼虫的小品类直播带货，目前这些小品类市场中还没有出现成功的直播案例，有一定的发展空间。

2020年1月13日，淘宝直播机构大会在杭州的阿里巴巴西溪园区如期举行，大会上，淘宝内容电商事业部总经理玄德说了这样一句话：“淘宝直播将成为平台重要战略之一。”这将意味着，淘宝直播这辆高速行驶的列车将会有更好的未来！

【做一做】

下载安装淘宝软件，详细了解淘宝直播的操作流程。

第二节　快手直播

依靠短视频发展起来的快手，在拥有了大量的用户群体后，又找到了新的发展方向：将互联网电商和互联网直播两个行业聚合到一起，通过不断优化，慢慢走上了直播电商的路。

与淘宝、京东合作后，在过去的一年里，快手直播平台有接近 1 600 万个主播直播带货并从中获利，如快手达人“散打哥”，在快手直播时，同时在线人数突破 100 万人，3 个小时成交 5 000 万元的销售额，一天带货 1. 6 亿元。

与其他直播平台相比，快手（图 3-2）直播又有哪些优势呢？

图 3-2　快手 Logo

一、快手直播的用户画像分析

快手直播“出世”的时间比淘宝直播要早一些，大概是在 2017 年年初，这背后的主要原因是快手对直播板块没有进行过多的上线测试，直接推出并帮助达人变现。

所以，大家会发现，在快手做直播带货的达人，货卖得好的就那么几个，且大部分是在平台的扶持下火起来的，即靠的是平台提供的流量。

在快手做直播，流程较为简单，如想做垂直内容的直播，那么就先养号，等用户到了 5 000 人，接着开直播，开通“快手小店”，开始销售低客单价的产品（价格在几十元左右的产品），然后再通过一些引流手段引导用户关注微信个人号，再进一步转化。快手大数据研究院在 2019 年发布了《2019 快手内容生态报告》，该报告中显示，截至 2019 年 6 月，快手的日活跃人数达到 2 亿人，月活跃人数达到 4 亿人。在这些活跃群体中，80%的用户是来自于三四线以下城市、高中学历以下的用户。

快手的用户所在地更加下沉，以乡镇为主。观看快手直播内容，我们会发现以农村题材、乡镇生活题材等反映社会真实生活的内容居多。

二、快手直播平台的优势

尽管快手直播的内容品质较低，但是对于相应的用户群体来说，其平台还是具有一定优势，具体有以下几点。

1. “普惠式”算法

快手创建之初，其团队就一直秉承着“内容公平分发以及让每一个普通人都能被看见”这样的初衷，有很多快手达人反映，在其他平台上建立自己的用户流量池时，都没有快手上那种“用户是自己的”体验，获得有效沉淀和数据提升的机会较少。

这种现象的产生其实与快手的“普惠式”算法有关，这种算法给很多做电商的商家或个人提供了更大的流量与算法支持，不会让任何一个直播石沉大海。

正是因为快手内容分发的算法逻辑和整体运营的思路，达人在快手直播平台上直播时才拥有了超强的带货能力。

2. 巨大的日活用户数量

据《2019 快手内容生态报告》中显示，截至 2019 年 6 月，快手的日活跃人数达到 2 亿人，DAU（日活跃用户数量）较 2017 年相比，上涨了 1 亿人。

在快手上，用户最爱购买的产品类目为美妆、农副产品、男女服饰、健身用品等。在快手上做电商的收益颇多，如 2018 年丑苹果（图 3-3）在快手上的销售额为 3 亿元，柿饼的销售额为 2.7 亿元，软籽石榴（图 3-4）的销售额为 3.3 亿元。

图 3-3　丑苹果

图 3-4　软籽石榴

由此可见，快手直播平台上巨大的日活跃用户数量，可以为商家或个人提供流量支持，帮助这些商家或个人有效触达自己的目标用户。

3. “老铁经济”的内容信任

很多人将快手火爆的原因归结于“老铁经济”，之所以这样取名，是因为很多人都觉得快手上的主播像一位“老朋友”，虽然以前彼此不认识，但听其聊了几句后，就会觉得很亲切，如果对有些内容感到喜欢与好奇，用户就会愿意继续听下去。

如快手达人“胡颜雪学姐优选”，她做快手内容的主要方法就是“用真心换真心”，为了卖自己公司的美妆产品，她采取“日更+直播”的方式，每天与自己的用户互动聊天，如果要去外地出差，她也会采购一些纪念品回馈给用户。

再如另一个快手达人“保定府磊哥”，为了在快手上卖出自家产的瓜子和零食，他通过在快手直播上向用户讲述自己创业的艰辛历程，引发用户的同理心，搭建了品牌与用户之间的信任桥梁。

快手是一个能将陌生人转变为老朋友的直播平台，主播们基于这种“老铁经济”建立与用户之间的信任关系，其带货的转化率自然会提升。

4. 快手电商的平台配置

2018 年 6 月，快手联合淘宝和有赞，推出“快手小店”和“电商服务市场”，这意味着快手上的每个主播都可以凭借身份证明，来申请“快手小店”的开通资格，店铺开通后商家可以直接将淘宝或有赞店铺中的产品放到“快手小店”里，然后通过发布视频或做直播，引导用户购买。

2019 年 3 月，快手电商发布了《快手小店经营违规管理规则》《快手小店商品推广管理规则》《快手小店售后服务管理规则》《快手小店发货管理规则》四项店铺运营规则，使快手电商市场秩序得到规范。

在用户打开快手后，首先看到的就是快手的直播界面，由此可见，快手对于直播平台的配置与打造十分重视。

总之，快手也是目前带货转化率较高的平台，相信拥有相同价值观与需求的商家或个人，通过快手，都能实现自身价值并获得相应的回报。

【做一做】

下载安装快手软件，详细了解快手直播的操作流程，看看快手直播与淘宝直播相比各有哪些特点。

第三节 抖音直播

抖音的带货能力是大家有目共睹的，薄饼锅、妖娆花音箱、手表遥控、奶油拍脸机、小猪佩奇三件套等一大批“网红”商品在抖音的带动下，掀起了用户的购买热潮。而伴随着 2018 年抖音购物车功能的正式开通和抖音购物联盟的强势推出，用户在抖音平台购物也变得更为简单、便捷（图 3-5）。

图 3-5　抖音 Logo

或许正是瞅准了抖音强大的变现能力，如今，无数的品牌商家纷纷在抖音这个巨大的流量池中开通了“电商”功能。这也预示着，抖音直播电商时代已经到来，通过电商变现正成为抖音流量变现的最好方式之一。

一、抖音直播的用户画像分析

2020 年 2 月 11 日，抖音发起了“线上不打烊”的活动，在抖音 3 亿人流量的扶持下，不少线下商城、普通门店、销售人员纷纷加入抖音直播平台。

如南京弘阳商业广场与株洲王府井百货先后在抖音上进行直播带货，通过抖音平台，南京弘阳商业广场的两场直播的销售额分别为 8 万元和 75 万元，而株洲王府井百货更是在抖音直播取得了 240 万元的销售成绩。

除了商家，个人主播的带货数据表现也很亮眼，如抖音主播“韩饭饭”，在直播间带货美妆产品，7 天的总销售额达到 622. 1 万元。

事实上，同为短视频平台，抖音的用户群体和快手的用户群体不同，抖音的用户群体主要集中在一二线城市，用户文化程度在大专学历以上，以女性偏多。并且，抖音的内容设计及呈现方式更高端，专注城市品质生活。

二、抖音直播平台的优势

自从 2017 年抖音开通直播功能后，抖音上就出现了很多“抖商”（即依靠抖音赚钱的人），很多“抖商”通过自己的精心运营，也获得了巨大的收益。在众多直播平台的竞争下，抖音直播也并没有丧失其流量地位，这是因为对于很多商家或个人而言，抖音直播平台具有很大的带货优势。

1. 投入成本低

商家或个人在抖音平台上直播带货的门槛较低，无须投入大量资金。只要其开通带货权限后，就可以在直播间里添加商品，这个功能和淘宝直播相同，用户只需要点击直播间里的购物袋，就可以查看抖音主播带货的商品。

2. 流量大，长尾效应大

虽然淘宝和快手平台的用户流量也很大，但就目前来看，和抖音相比还是稍逊一筹。

与传统的直播相比，抖音直播并没有采取某些运作“套路”，如支持主播依靠用户刷礼物来上榜的模式，抖音认为，这会使得主播和用户都很疲惫，失去直播互动原本的意义。因为在这种模式下，主播只会和付费观众互动，其他用户会失去存在感。

抖音直播带货的模式是通过建立起用户对达人魅力的认可，来进行带货，因此，抖音直播带货是在内容之上衍生出来的购物需求，既有商业化性质也有社交化性质，这种模式对于用户而言，是一种相对对等的沟通方式，对于利用抖音直播带货的商家而言，直播的长尾效应也会更大。

3. 发展空间较大

当下，发展抖音直播带货的时机非常好，但是目前只有美妆这一个类别的商品吸引的用户比较多，其他类别的商品对用户的吸引能力正逐步提升，所以在抖音平台不管是运营账号还是带货，机会都非常大。

2020 年 3 月，抖音的语音直播功能也已经上线，这意味着主播可自行选择语音直播，无须另外申请直播权限。

抖音作为一个原生流量平台，不管是产品量级还是平台调性都非常不错，“抖音直播+电商”的营销模式不仅给抖音达人们提供了一种全新的变现渠道，同时也给广大的抖音用户提供了一种全新的购物体验。

【做一做】

下载安装抖音软件，详细了解抖音直播的操作流程，看看抖音直播与快手直播、淘宝直播相比各有哪些特点。

第四节　微信直播

2019年4月，腾讯直播开始进行小范围公测，微信公众号“女神进化论”和“Alex大叔”在4月21日首次进行了电商直播，用户可以通过微信小程序观看直播，并进入小程序商城点击链接购买商品。2019年5月29日，腾讯直播公告开通电商功能，这一举动说明，所有的微信公众号都可以进行直播带货了（图3-6）。

图3-6　微信Logo

那么，在微信上直播究竟应该如何操作呢？

一、微信直播的用户画像分析

微信的直播功能开通不久，其用户画像还不清晰，但微信的用户群体非常广泛，任何使用微信的人都有可能成为微信上直播的观看用户，如关注微信公众号的用户、浏览微信小程序的用户、微信朋友圈“发烧友”等。但由于每个直播间的内容与定位都趋向垂直化，因此，在微信上观看直播的用户群体也是垂直化的。例如，以前关注某服装小程序的用户，看到小程序开通直播后，会直接点进去观看直播，如果觉得直播内容值得分享，那么就会转发到自己的微信朋友圈，那么更多拥有同样兴趣的人就会加入到直播间里来。

二、微信直播平台的优势

总体来说，微信直播平台主要具有以下优势。

1. 覆盖面广

在国内，只要是智能手机，微信的安装率几乎是100%，根据《2018微信年度数据报告》显示，每天大约有10.1亿名的用户使用微信，日发送微信消息为450亿条，微信每天的语音视频通话次数为4.1亿次。

2020年4月，微信公众号“女神进化论”在腾讯直播发起内测直播，在1小时的直播中被4 212人订阅，同时观看人数有1 363人，完整观看人数占总人数的28%，小程序店铺的下单转化率则达到了48.5%。

由此可见，微信App的用户覆盖率非常高，微信的直播功能开通后，对于众多商家而言，是一个很好的机会。

2. 用户体验感较好

首先，用户在微信上观看直播时，只需要用微信扫描一下二维码，或者直接点击直播链接，就能即时收看直播，不需要下载任何App。其次，微信的直播功能能提升用户的参与感，主播可以全方位向用户展示和讲解产品。用户还可以通过一键式分享给直播间带来更多的流量。

3. 微信直播“包罗万象”

伴随着科学技术的不断发展、移动终端的不断普及、直播平台的层出不穷，很多商业人群也想通过直播技术来对其产品和业务进行推广。但目前市场上的主流直播内容偏向娱乐化，很容易让客户感到眼花缭乱，难以对其企业品牌产生信任，因此，还有许多人对于直播持观望态度。

但自从微信开通直播功能之后，这种状态被彻底改变，企业会议、赛事、教育培训、运动、美妆带货等事项，都可以通过微信进行直播，从而帮助企业更好地拉近与用户之间的距离。

三、微信直播带货的两种方式

目前，微信直播带货主要有两种方式：腾讯看点直播和微信小程序直播。

1. 腾讯看点直播

2019 年 12 月 16 日，腾讯“聚势，大有可为”看点直播合作者大会在深圳召开，这也标志着微信正式进入了直播领域。在这次大会上，腾讯看点直播推出了颇具野心的“引力播”计划：希望在 2020 年内助力微信平台上的 10 万个商家更好地获取用户、完成商业变现，并扶持 1 000 万元，商家通过直播电商模式突破 1 000 万元的年成交额。

那么，“野心勃勃”的腾讯看点直播究竟是“何方神圣”，它又是如何助力微信的商家实现直播带货功能的呢？

简单来说，腾讯看点直播就是由“腾讯直播 App+看点直播小程序”组成的直播平台，其中，腾讯直播 App 是开播端，看点直播小程序则是微信内部的观看端。当需要直播的主播点开了腾讯直播 App 后，腾讯直播 App 中就会生成一个小程序码，主播将这个小程序码推送给相关的微信用户后，用户通过该小程序码就可以直接进入直播间观看直播，与主播进行互动。

归纳起来，腾讯看点直播权限的开通只需要通过简单的三个步骤即可。

商家开通直播：单个商家，最多能申请三个直播账号，申请时需要提交营业执照、法人身份证、大于等于 500 人的公众号或微信群用户截图。

大客户开通直播：必须满足拥有线下实体门店集群或连

锁商铺大于50个的条件，且拥有齐全的企业资质和法人身份、线下实体门店店铺等相关资料。

需要注意的是，对于腾讯看点直播而言，一个身份证最多只可绑定两个直播账号，此外，在申请腾讯看点直播权限时，还需要支付599元/半年的技术费用。

2. 微信小程序直播

微信小程序直播是微信在2020年2月28日“新鲜出炉”的直播方式，它也是微信官方提供的商家经营工具和原生直播平台。商家通过直播组件，便可以在微信小程序中实现直播带货，微信用户则可以在小程序内观看直播。

微信小程序直播可以支持多种接入模式。

四、腾讯看点直播和微信小程序直播的优势与不足

作为微信直播两种主要的直播方式——腾讯看点直播和微信小程序直播，又有哪些优势与不足呢?

1. 腾讯看点直播的优缺点

腾讯看点直播的优点主要体现在以下几个方面。

一是支持从直播间直接跳转到商家自己的微信小程序、微店和京东店铺3种方式。

二是开播前，可创建附带微信小程序二维码的直播预告海报，发送到微信群、微信朋友圈等渠道进行预热和宣传，用户扫码即可订阅该直播活动。

三是可以为用户推送开播提醒，通过点击提醒消息，用户可直接进入主播的直播间观看。

直播过程中，用户可转发直播链接或海报进行二次传播。总之，腾讯看点直播能够在腾讯系旗下的平台进行推广，在帮助主播获得自己私域外的流量方面具有积极意义，但它并不是十全十美的，其最大的缺点在于用户在腾讯看点直播购物时需要跳转到商城。用更通俗的话解释就是需要从一个微信小程序，跳转到另

一个微信小程序，这样的操作对于用户来说不太方便。

此外，开通腾讯看点直播还需要支付一定的费用。

2. 微信小程序直播的优缺点

作为微信团队在 2020 年 2 月刚刚上线的新平台，微信小程序直播对于大多数主播而言依然保持着一丝神秘感，但是其带来的增长以及背后的发展趋势却是不容忽视的。

归纳起来，微信小程序直播的优势主要体现在以下几点。

（1）玩法多变。在正式上线后，随着各大品牌的迅速入局，微信直播小程序也呈现出了多种直播模式和不同玩法。例如，“网红+品牌+微信小程序直播”“明星+品牌+微信小程序直播”“导购员+品牌+微信小程序直播”“商业综合百货+品牌+微信小程序直播”“线下商超+售货员+微信小程序直播”等。

（2）实现了营销闭环。流量属于商家用户在微信小程序直播中的所有访问、互动及交易行为均在商家自有的微信小程序内完成，而无须跳转到其他 App 以及微信小程序，完美实现了营销闭环。

相应地，由直播所带来的所有流量，也都会沉淀在商家自有的微信小程序中，这对于品牌和商家的长期运营具有积极的促进作用。

（3）低门槛、快运营。微信小程序直播的门槛并不高，根据目前掌握的信息可知，只要品牌或商家满足了前文中提到的申请条件，均有机会获得直播邀请。未来，随着微信小程序直播的进一步发展和普及，相信其接入方式还会变得更简单、更方便。

而在获得直播“许可证”后，微信小程序直播的运营也很容易上手。通常在接到直播邀请后，品牌或商家便可以在自有微信小程序上进行直播，并可使用小程序直播组件自带的一系列功能，自有微信小程序以及小程序直播组件自带功能目前最快一天即可开发完成。

（4）互动性强，转化率高。微信小程序直播支持展示商品、点赞、评论、抽奖、发送优惠券、购买、数据展示、分享好友等多项功能，并最大化地融入了微信本身的社交和内容特性。

例如，微信小程序直播支持用户对直播间的订阅、可一键分享到微信聊天中，方便朋友及社群用户访问，还可以通过公众号为直播间引流，这些互动方式都可以有效提高直播的转化率。

此外，根据微信官方预告，微信小程序直播未来还将继续进行功能升级，进一步提高直播本身的互动能力和带货能力。当然，和腾讯看点直播一样，微信小程序直播也有不足之处：腾讯直播工具与插件的定位以及微信生态的去中心化特性，决定了商家更多地需要依靠自身的流量。

总而言之，微信小程序直播带货有着天然的去中心化优势，既可以激活公众号的关注用户，又可以通过朋友圈和微信群，拉新用户进来，提高互动率。有人曾预言：“未来的一切生意都将由社交来连接，人在哪里，财富就在哪里，人在哪里，生意就在哪里。”而凭借着优质流量池和天然社交屏障，未来，微信直播也必将成为重要的生意场和财富聚集地。

以上介绍的四个平台，虽然用户画像不一样，流量来源和流量运营方式稍有不同，但是整体的直播电商运营方法是一样的，从策划、运营到数据分析，再到产品选择和优化，均适用于四个平台。

【读一读】

微信视频号玩法指南

一、什么是视频号

2020 年 1 月 21 日，微信上线了一个人人都可记录和创作的内容平台，主打短视频，独立于公众号，入口内嵌在微信“发现”页面，位于朋友圈下方，这就是视频号。

视频号的定位是张小龙连续两年在微信公开课上提到的“短内容”，可以发布长度不超过1分钟的视频，或者不超过9张的图片，还能带上文字和公众号文章链接。

视频号并不是一个单独的App，它只是微信里的一个新功能而已。视频号不仅仅支持短视频，还支持图片和文字等载体，但主要还是视频。这是因为微信团队不希望仅仅局限一种内容载体，它更加包容。

很多人将视频号与整个微信切割开，单独拿来和抖音相比，这不太合理。腾讯旗下的微视才是和抖音对标的产品，不管运营理念、算法机制，还是产品逻辑，都高度相似，但这也注定了微视永远不可能成为下一个抖音。

视频号更像是视频化的微博。微博虽然相比前几年已经下坡，但仍然是重要的公众舆论场，视频号也正式走出了微信的好友关系链，不仅展示发布的内容，还显示全部评论而非只展示好友评论，而且评论者之间也可以互评，这也打破了公众号用户只能与运营方单向沟通的设定，所以说，视频号的功能设置更像微博。

二、视频号的特点

浏览视频号可以发现，视频号大概具备以下一些特点。

1. 自动播放视频

通过视频号入口进入频道后，会自动播放第一条视频，声音也自动开启，视频内容下方是内容介绍，以及点赞、评论数量，点开可以查看详细评论内容。向下滑动时，下面的内容也会自动播放，所有视频呈连贯性。

对比抖音和快手的页面，抖音是全屏视频，沉浸式浏览，而快手是首页瀑布流，不会自动播放。

2. 可以设置超链接

视频号可以在底部内容介绍中添加超链接，点击超链接就可以直接跳转到相应的微信公众号文章，但目前超链接只限于微信公众号文章。这个设定给了人们更多拓展阅读的方式。

3. 可以上传静态图片

除能上传视频外，视频号还可以上传不超过 9 张图片，浏览时左右滑动即可。

4. 点赞、评论可互动并分享

视频号支持点赞、公开评论互动，也可以转发到朋友圈、聊天场景等，与好友分享。

三、开通及认证视频号

现在申请视频号非常简单，直接注册即可开始视频号的使用。视频号的名称在创号时需要思考好再设定，因为一年内只有两次修改机会，但头像不限次数，可任意修改。

视频号也可以进行认证，分为“个人认证”以及“企业和机构认证”，图 3-7 为视频号个人认证入口页面，图 3-8 为个人兴趣认证，适合个人申请，如美食博主、互联网自媒体等。

认证要求：最近 30 天发表过 1 个视频号动态，视频号有效关注 1 000 人以上（加入原创计划后门槛降低至 500 人），已经填写简介，在对应领域持续发布原创内容。

个人职业认证，适合个人申请，如运动员、演员、作家等。

认证要求：最近 30 天发表过 1 个视频号动态，已经填写简介，不同职业认证要求不同（图 3-9）。

公众号与视频号之间可以用同样的资质去申请认证，目前两者之间的粉丝尚不能联通，如果想要实现公众号与视频号互相引流涨粉，可以通过在视频号的下方挂文章链接，公众号文章中插入视频号发布的内容等方式实现。通过了“个人认证”的账号昵称后方会显示黄 V 光标，下方将显示所认证的身份。

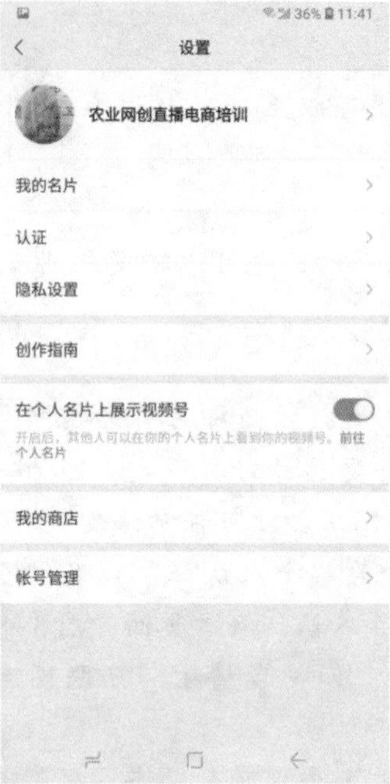

图 3-7　视频号个人认证入口页面

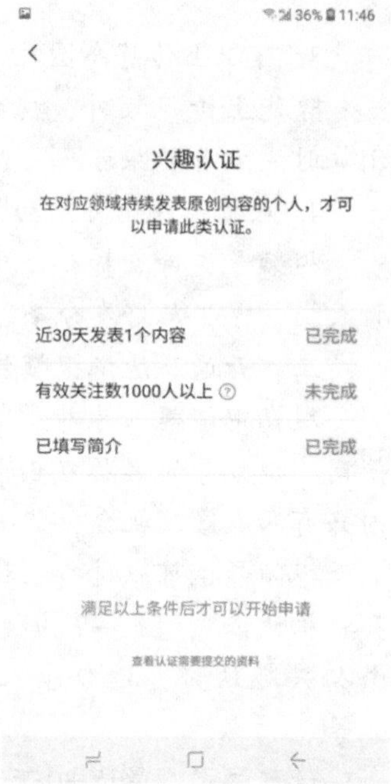

图 3-8　视频号个人兴趣认证

企业认证和机构认证，适合企业与机构申请。认证要求（图 3-10）：需要有已认证的同名公众号（包括订阅号和服务号），如认证公众号的名字字符超过 20 个字符，可以选择连续的 20 个字符作为视频号名字。“企业和机构认证”通过后，视频号昵称后方将带有蓝 V 光标。

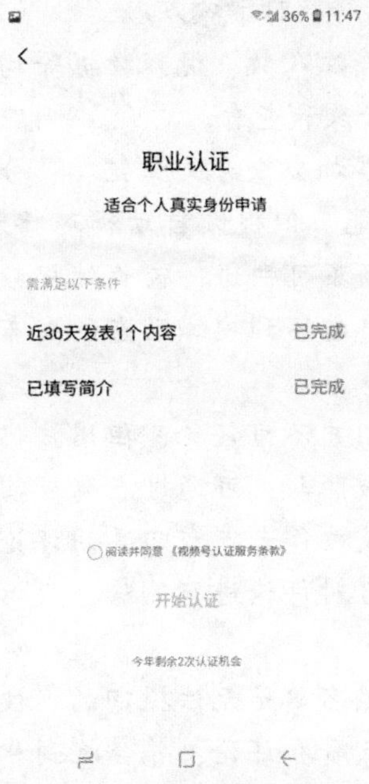

图 3-9　视频号个人职业认证

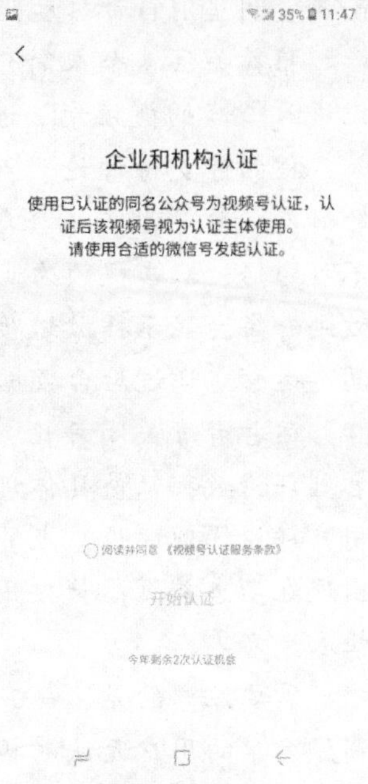

图 3-10　视频号企业认证

四、视频号运营

视频号可以按照不同的定位属性进行封面设置和内容设置。

封面设置：可以打开视频号，点击右上方人物图标进入“我的视频号”，轻触顶部封面即可更换。主页封面的图片尺寸比例为 1∶1，因上半部分有遮挡，下拉才能显示完整封面，所以重要信息要放在图片下方。

内容定位：例如新闻机构、网红娱乐、明星生活、不同领域 KOL（知名度高、号召力强、高活跃的用户）、普通日常等发布的内容都是不同的，所以，要根据定位确定内容风格。目前视频号属于早期发展阶段，官方新闻机构成为“顶流”，而流量明星则自带热度，他们的点赞数时常破万。

推荐关注、个人简介、查看关注人数、视频数据等均可以进入“我的视频号”进行编辑修改和查看。

视频号支持评论、点赞以及添加公众号文章链接、分享给好友、分享朋友圈、收藏等功能，但视频自动循环播放，不可暂停，双击视频为点赞；视频不可快进，较长的视频播放到一半会显示播放进度条；用户看不到内容动态的发布时间，运营者通过后台数据才可查看。

运营者可关闭评论，关闭后用户不可评论，但用户仍可看到评论数，只是具体评论内容被隐藏；可通过点赞或回复用户评论置顶评论，点赞量最高或被作者点赞回复的评论会出现在动态首页；长按用户评论可对评论进行删除、投诉或拉入黑名单。

需要注意的是，一旦设定为黑名单是无法撤回的。被移到黑名单的用户无法对视频进行点赞和评论，并会收到相关提示。

五、视频号推荐机制及违规评定

视频号遵循社交推荐、个性化推荐的推荐机制，具体表现为依据所关注的号主推荐同类型账号；优质内容会被反复推荐，这一点与抖音流量池相似；多位微信好友看过的视频容易被推荐；同城5千米以内的用户发布视频会被推荐；信息流中存在“更多新动态”按钮，新发布视频也有机会被看到。

违规的评定要求：不可带有如引导关注公众号、其他平台账号、添加个人微信、二维码、营销信息、敏感词等涉嫌导流的内容；名称不能直接用代表行业资质的词命名，如资深健康营养师等，违规将被清空、删除对应内容，多次违规还会被限流、降权、封号；视频内容含有版权商标等权利标识会有侵权风险，平台会对其进行限流；视频号名称也具有唯一性，禁止仿冒他人身份发布内容；抄袭他人作品被举报，这些都可能导致封号。

在视频号的评论方面也有严格规定，短时间内频繁在视频号评论、点赞他人作品，或者发表违规评论内容将被禁言7天、无法评论和点赞，多次违规将被限流、降权或封号。

运营视频号则禁止未经允许使用第三方插件；禁止传播其他平台识别码、口令类信息；禁止利诱用户进行分享、关注、点赞和评论；禁止批量注册大量相似视频号；禁止提供虚假信息、使用违法侵权信息注册视频号；禁止买卖视频号及相关功能；禁止刷粉刷量、泄露他人隐私、发布不实信息等。

六、视频号变现渠道

当然，使用视频号除了作为一种记录生活的方式之外，更多人关心的是视频号是否还有变现的可能。视频号变现的渠道其实无外乎社群知识付费、电商私域流量变现、内容导流、广告推广变现等几种，但因为视频号基于微信这个大的社交平台体系内，也就天生带着自己的一些社交优势。

第四章　夯实基础：从拍摄到剪辑做短视频

【引导案例】

李子柒的视频为什么这么火？

最近关于李子柒的视频以及相关信息占据了各个媒体的头条，尤其是在国外一知名媒体上其订阅量高达700多万。因此我也看了一些她的相关视频，拍的确实非常好，下面就简单分析一下李子柒的视频为什么这么火。

原因一：意境美

在李子柒的全部视频中，我们仿佛看到了一个世外桃源。几乎所有的视频画面中都是林木繁盛、鲜花似锦，简直就是人间仙境。所以视频画面一出来，很多人都被这样的画面打动，包括我自己，因此几乎每一个李子柒的视频我都会欣然点赞。因为这才是我们心之所向的生活环境。最起码相比我们现在整日头顶雾霾，看到这样的风景一定会让人心旷神怡，而且还是原生态的（最起码可以理解为原生态的）。

原因二：接地气

在李子柒的视频中除了风景之外，我们看到的并非是一个不食人间烟火的“仙女”，而是一个很接地气的人，不仅接地气，甚至几乎什么都会做，绣花、做蚕丝被、做美食、做家具……

在生活中我们经常希望自己是一个万能的“超人”，但是实际上却很少有人能够真正做到万能。甚至我们倾其一生也只能熟悉我们经常做的那些事情，而“万能”却在李子柒身上得到了完美的体现，让我们在欣赏美景的同时，不由得对其心生佩服。

原因三：用心拍

一个人、一件事的成功都离不开一个用心的团队。据我了解很多视频需要她背后的团队策划、拍摄很长时间，如谷物的种植、蔬菜的种植等。拍摄完成之后再逐一筛选、剪辑，最后把美好的东西呈现给大家。我们看到的视频可能只有几十分钟，而整个拍摄则需要几个月或者半年、一年。

原因四：顺人心

这个顺人心其实不仅仅是顺普通网民的心，还顺其他一部分人的心。也正是基于此，李子柒的视频推出之后，前期是团队的推广，现在也有其他力量的鼎力相助。所以很多人在问答中询问如何把自媒体做好？其实顺人心是很关键的。只有找准自己的定位，照顾用户的口味以及大环境的趋势，一个人或者一件事情才有可能获得成功。所以做自媒体的朋友可以向其学习。

理想与现实只是一墙之隔，感谢李子柒让我们看到了理想的生活状态。

（资料来源：乱侃天下，2019-12-28）

【想一想】

李子柒的视频为什么这么火，我们从这个案例有哪些启发？

从拍摄到剪辑要注意哪些事项？该怎么做？

短视频的本质就是将文本语言转换成镜头下流转的语言，借助镜头将想说的话娓娓道来。

制作短视频是一个实操性大于理论性的工作，需要从挑选适合的器材开始，还要将各种技巧练习到纯熟的地步，如运镜、转场、拍摄、选取音乐、添加字幕、配音以及剪辑等。本章就带大家一起来学习这些技能。

第一节 运 镜

镜头是会说话的，有时候沉默，有时候兴奋，有时候轻声叙说。镜头的很多语言是通过运动镜头的方式来表现的。这种镜头的运动被称为运镜。运镜能将静态的画面带动起来，不仅带来视觉的冲击，还能推动故事的发展。本节主要讲解几种常用的运镜技巧。

一、推镜头

推镜头是一种最为常见的运镜技巧，是指被拍摄物位置不动，镜头从全景或别的景位由远及近向被拍摄物推进，逐渐推成近景或特写的镜头，主要用于描写细节、突出主题、制造悬念等。

二、拉镜头

和推镜头相反，拉镜头是指人物不动，构图由小景别向大景别过渡，摄影机从特写或近景拉起，逐渐变化到全景或远景，视觉上会容纳更大的信息，同时营造一种远离主体的效果。

三、跟镜头

跟镜头就是跟拍，画面的主体是运动中的被拍摄物，镜头跟随其运动方式一起移动。跟镜头可以全面详尽地展现被拍摄主体的动作、表情、运动方向，这种方法最为普遍。

四、摇镜头

摇镜头是指镜头摇摄全景或者跟着被拍摄物的移动进行

拍摄，它常用于介绍环境或突出人物行动的意义和目的。

五、移镜头

移镜头是指摄影机沿水平面做各个方向的移动拍摄，便于展现各个角度。

六、升降镜头

升降镜头包括升镜头和降镜头。升镜头是指摄影机在升降机上做上升运动，形成俯视拍摄。

七、悬空镜头

悬空镜头是指摄影机在物体上空移动拍摄的镜头，这种镜头的拍摄会产生史诗般恢宏的气势。

【议一议】

1. 请分析李子柒短视频“玉米的一生”，运用了何种运镜技巧。

2. 请拍摄一条 1 分钟的短视频，至少运用 3 个运镜技巧。

第二节　转　场

转场就是场景或段落之间的切换。纯熟的转场能增加短视频的连贯性。转场分为两类：无技巧转场和技巧转场。下面分别进行介绍。

一、无技巧转场

无技巧转场是用镜头自然过渡来连接上下两段内容的，强调视觉的连续性，运用时要注意寻找合理的转换因素和适当的造型因素。无技巧转场的方法很多，本节将介绍几种最常用的转场。

1. 空镜头转场

空镜头是指一些没有人物的镜头，主要为刻画人物情绪，渲染气氛。

2. 声音转场

声音转场是利用声音过渡的和谐性自然转换到下一画面，用音乐、解说词、对白等和画面配合，实现自然转场，是转场的惯用方式。

3. 特写转场

特写转场被称为“视觉的重音”，是万能镜头，不管上一个镜头是什么，下一组镜头都从特写开始，对局部进行突出强调和放大。

4. 主观镜头转场

把人物视觉方向作为视觉转换依据，按照前后两个镜头之间的逻辑关系来处理转场，上一个镜头拍摄主体在观看的画面，下一个镜头接转主体观看的对象。

5. 两极镜头转场

利用前后镜头在景别、动静变化等方面造成巨大反差，前一个镜头的景别与后一个镜头的景别是两个极端，如前一个是特写，后一个是全景或远景；前一个是全景或远景，后一个是特写。

6. 遮挡镜头转场

遮挡镜头转场是指在上一个镜头接近结束时，被摄主体挪近以全遮挡摄像机的镜头，下一个画面主体又从摄像机镜头前走开，以实现场景的转换，带给观众视觉上较强的冲击，同时也使画面的节奏紧凑。

二、技巧转场

用一点特技的手法进行转场叫技巧转场。技巧转场常用在情节之间的转换，给观众带来明确的段落感。下面介绍几种常用的技巧转场。

1. 淡入淡出转场

淡入淡出转场即上一个镜头的画面由明转暗，直至黑场，下一个镜头的画面由暗转明，逐渐显现直至正常的亮度。根据《剪辑的语法》一书，一般在节目或场景的开头结尾、时间地点的变化之处运用淡入淡出方式。

2. 叠化转场

叠化转场指前一个镜头的画面与后一个镜头的画面相叠加，前一个镜头的画面逐渐暗淡隐去，后一个镜头的画面逐渐显现并清晰的过程。叠化与慢镜头的结合，可以延缓时间的流逝。例如，在影片中，镜头 1 是喷薄而出的红日，镜头 2 是黄沙大漠的壮阔景象，转场镜头采用了叠化转场，实现了这两种画面的重叠。

3. 划像转场

划像转场用来突出时间、地点的跳转，切出与切入之间没有过多的视觉联系。划像分为划出与划入，划出指前一画面从某一方向退出荧屏，划入指下一个画面从某一方向进入荧屏。

【议一议】

请观看电影《让子弹飞》，找出剧中的各种转场形式。

第三节 选取音乐

音乐的强烈表达属性让它能够迅速和短视频结合起来。本节以音乐短视频代表“抖音”为例，来讲解在发布短视频时该如何选择比较受欢迎的音乐。

一、音乐榜榜单

打开抖音 App，点击搜索框，就能看到“DOU 听音乐榜”

(图 4-1),“DOU 听音乐榜”是抖音短视频推出的、抖音站内人气最高的歌曲。

二、视频上传时的推荐音乐

在抖音平台拍完短视频后，选择上传音乐，会出现三个可以选择音乐的入口，分别是“发现音乐”“我的收藏”“歌单分类”。“歌单分类”里包含热歌榜、飙升榜等，点击即可看到各类当下比较受欢迎的音乐（图 4-2）。

图 4-1　DOU 听音乐榜

图 4-2　抖音歌单分类

三、上传自己的原创音乐

想要上传自己的原创音乐，有以下几个步骤。

步骤一：进入抖音网页版。

步骤二：找到首页的“抖音音乐人”入口，点击进入，找到“上传音乐”。

步骤三：填写歌手名，真实个人身份证信息，上传本人手持身份证照片。

步骤四：填写音乐信息，点击“上传音乐”，等待抖音平台审核通过。

【议一议】

请在抖音上传一首自己喜欢的音乐，并将它作为自己短视频的音乐。

第四节　添加字幕

为发布的短视频添加字幕可以方便用户了解视频内容。除此之外，有字幕的短视频上热门的概率也会大大增加。

一、如何添加字幕

为短视频添加字幕操作简便，方法也大同小异。下面以 Videoleap 为例来讲解添加字幕的方法。

步骤一：导入视频素材，点击下方工具栏中的“文本”，输入字幕内容。

步骤二：可以在下方添加字幕的颜色、特效等，拖动上方的字幕可以调整每一条字幕的显示时长。制作完成后直接保存素材，然后在相册中找到该视频，再上传至短视频 App 即可。

二、字幕制作软件

几乎所有的短视频制作软件都可以添加字幕，下面介绍几款有代表性的字幕制作软件。

1. 字说

如果想制作流行的纯字幕动态效果，可以选择“字说”。“字说”能够呈现文字动画视频的效果，可以智能识别语音并匹配动画，容易上手。这款字幕制作软件有以下两个最大的特点。

（1）语音能够转换成视频，其视频旁白功能可以自动提取本地视频中的语音。

（2）字体效果比较丰富，可以添加背景图片，为字体设置特殊颜色。

2. 快剪辑

快剪辑支持 PC 端、Andriod 版和 iOS 版，它除了可以添加字幕外，还支持一边录视频一边自动匹配字幕。

3. Arctime

Arctime 是一款非常便捷的字幕输入软件（图 4-3），使用 Java 编写的跨平台字幕制作软件，独创字幕块和多轨道概念，在时间线上拖动、调整字幕块即可轻松完成字幕创建工作，可以在 Mac Windows、Linux 系统上运行，还支持大部分主流的视频剪辑软件。

图 4-3　Arctime logo

【议一议】

请尝试用 Videoleap 和字说两款软件，分别为一个 1 分钟的短视频添加字幕。

第五节　为视频配音

恰到好处的配音能为短视频的效果锦上添花。录制好配音，将音频文件导入视频编辑软件中，与视频素材、字幕一同编辑，导出即可得到完整的视频。

常见的配音方式有以下 3 种。

一、自己配音

自己根据视频的需要配音，需要注意以下问题。

1. 尽量用支架固定话筒

手持话筒的时候，很难避免手的颤动和手握话筒带来的噪声。特别是在说话时，随着人情绪的变化和表达的需要，手持话筒的较大幅度动作会影响配音效果。

2. 注意发音稳定

当说某个词过重或者强调某个词时，会容易录入爆破音和“噗噗”声，建议在话筒上加防风罩来避免。

3. 防风

户外拍摄的时候，尽量选择风力较小的天气，并且给话筒配备防风罩等防风配件。

二、请专业团队配音

对很多人来说，配音很有挑战性，如普通话不标准，声音不好听，讲话紧张、忘词、卡顿等，都会造成配音素材不标准。如果短期无法克服这些困难，可以请专业配音团队进行配音，其收费根据配音难度及时长决定。

三、使用配音软件

1. 讯飞快读

讯飞快读（图 4-4）是一款方便高效、成本较低的配音小程序。搜索“讯飞快读”，在首页可以看到 4 种文字输入方式，选择一种方式后输入文字，选取喜欢的朗读员即可。朗读完成，点击底部的“保存为 MP3”，保存好的文件可以导入视频处理软件进行后期视频合成。

图 4-4　讯飞快读

2. 配音阁

配音阁（图 4–5）是一款专业配音软件，提供广告配音、宣传片配音，支持多种语言，有很多真人样音可以选择。

【做一做】

请为一个 1 分钟的短视频配音，尝试自己配音和借助软件两种方式。

图 4–5 配音阁

第六节 编写脚本

对于短视频来说，脚本极其重要，它是短视频制作的“灵魂”。

一、什么是短视频脚本？

新媒体“视知 TV”提到：脚本和分镜头是一支短视频的主心骨。新媒体“二更”说：脚本是学习通过短视频讲故事的重要工具。

短视频脚本可以被理解为短视频的拍摄大纲和要点规划，用来指导整个短视频的拍摄方向和后期剪辑，起着统领全局的作用。

与传统的影视剧脚本及长视频脚本不同，短视频在镜头的表达上会有很多局限，如时长、观影设备、观众心理期待等，所以短视频脚本需要更密集的视觉、听觉和情绪的刺激，并且要安排好剧情的节奏，保证在 5 秒内抓住用户的眼球。

二、短视频脚本的类型

短视频脚本大致可分为三类：拍摄提纲、分镜头脚本和文学脚本，拍摄者可以根据拍摄内容选择脚本的类型。

1. 拍摄提纲

拍摄提纲就是短视频拍摄要点，用来提示各种拍摄内容，适用于不容易预测的场景的拍摄，如采访热门事件当事人。

拍摄提纲一般包括六个步骤。

（1）阐述选题。明确节目的选题、立意和创作方向，确定明确的创作目标。

（2）阐述视角。呈现选题的角度和切入点。

（3）阐述体裁。不同体裁的表现技巧、创作手法不同。

（4）阐述调性。表明作品风格、画面、节奏，即作品构图如何，光线如何使用，作品节奏是轻快还是沉重。

（5）阐述内容。详细地呈现场景的转换、结构、视角和主题，提纲挈领指导创作人员的后续工作。

（6）完善细节。把剪辑、音乐、解说、配音等内容都补充进去，使整个大纲更加完整。

2. 分镜头脚本

分镜头脚本指通过连续的文字来描述视频场景的一连串镜头，相当于整个视频的制作说明书，是把视频情节翻译成镜头的过程，相比拍摄提纲要详细和精致很多。

分镜头脚本主要由景别的选择、拍摄的方法与技巧、镜头的时长、镜头的画面内容、背景音乐等元素组成。

3. 文学脚本

文学脚本是各种小说或者故事改版之后方便分镜头语气来完成的一种台本方式。其不像分镜头脚本那么细致，适用于不需要剧情的短视频创作。

文学脚本中只需要规定人物需要做的任务、说的台词、选用的镜头和节目时长即可。

三、如何写短视频脚本

短视频团队中，不是每个团队成员都懂视频的拍摄和制作，所以脚本里面的镜头设计大多是写给摄影师看的。脚本中主要体现出对话、场景演示、布景细节和拍摄思路，要注意以下几个要点。

1. 受众

受众才是短视频创作的出发点和核心。站在用户角度，用户思维至上，才能创作出用户喜欢的作品。

2. 情绪

比起传统长视频，短视频不只是文字和光影的堆砌，更需要密集的情绪表达。

3. 细化

短视频就是用镜头来讲述故事，镜头的移动和切换、特效的使用、背景音乐的选择、字幕的嵌入，这些细节都需要一再细化，确保整个情景流畅，抓住受众心理。

四、简易短视频脚本模板

大部分短视频脚本可以用简易的形式来操作。

【议一议】

请设计剧情，为一个1分钟的短视频编写简易脚本。

第七节　拍　摄

短视频拍摄需要反复实操练习，涉及很多操作类技巧，需要结合具体的场景才能更好地掌握。拍摄团队可以根据场景需要选择适用的拍摄技巧。

一、重心左移

画面构图要尊重屏幕构图基础。一般点赞、评论、转发和头像都集中在屏幕的右侧，屏幕的下方也有内容制作者的账号 ID 和标题，这就要求创作者在拍摄时尽量把画面重心往屏幕的左上方移动，避免影响画面的完整表达（图 4-6）。

图 4-6　快手屏幕构图

二、竖屏拍摄

竖屏的优势在于能够把画面聚焦于人物，也符合用户的观看习惯（图 4-7）。

图 4-7　手机竖屏拍摄

三、光线布局

摄影是光影的艺术，好的光线布局可以有效提高画面质量。室内拍摄时，创作者可以通过灯光的组合来实现最佳的拍摄光线，室外拍摄时，除非特殊拍摄需要，尽量选择顺光拍摄，如果光线不够清晰，可以手动打光。

四、拍摄构图

拍摄构图法包括黄金分割法、中心构图法、对角线构图法和三角形构图法等（图 4-8 至图 4-11）。以黄金分割法为例，被摄主体置于画面中的三分线上，能够使画面更加灵活，富有空间感。

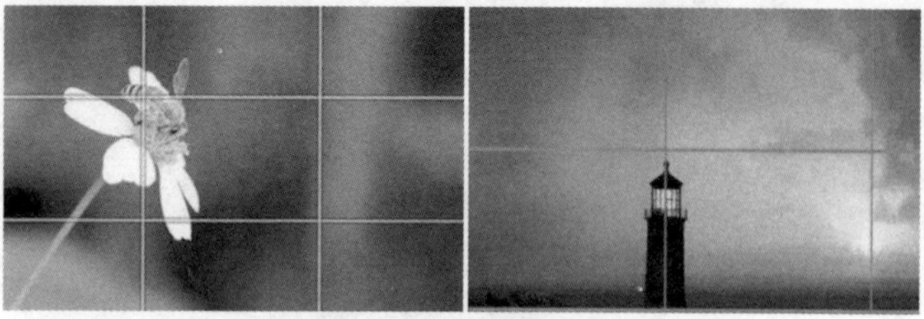

图 4-8　黄金分割法构图

图 4-9　中心构图法

图 4-10　三角形构图法

图 4-11　对角线构图法

五、网格功能

构图时建议启用网格功能，以便于把握整个画面的结构，如图 4-12 所示。

图 4-12　网格功能

六、背景和角度

拍摄时可以尝试多种灵活的拍摄角度，如从远处将镜头拉近、从近处拉远、斜着拍、逆光拍摄或者倒转镜头，让视频画面更加生动、丰富。

七、画面色彩

拍摄时，为了突出核心人物，要避免杂乱的背景对人物造成的干扰。建议选取干净整洁的背景，人物服饰的颜色也尽量与背景相协调。

【想一想】

拍摄构图法包括哪几种，试举例说明。

第八节　剪　辑

剪辑就是借助视频剪辑软件进行镜头的连接，使镜头的逻辑顺序和结构更严密，生成具有不同表现力的新视频。

一、剪辑六要素

好剪辑要让用户注意不到剪辑的痕迹。剪辑有 6 个要素，分别为信息、动机、镜头构图、摄影机角度、连贯和声音。

1. 信息

信息就是通过镜头呈现给用户的内容，分为视觉信息和听觉信息。

2. 动机

镜头之间的切换、转场一定是有动机的。例如，画面中的被摄对象陷入了回忆，此时的镜头应该切换到回忆的画面。

3. 镜头构图

通过调整被摄主体、周边对象和背景的关系，来达到最佳的构图。

4. 摄影机角度

摄影师和剪辑师一定要考虑几个重要的问题：摄影机该放在什么位置，画面中有几个人物，拍摄的主要对象是谁，如何展现人物的特点。通过一系列的角度设置，获得最佳的效果。

5. 连贯

好的剪辑能够实现平稳连贯的效果，给观众提供行云流水的感官。

6. 声音

对声音的剪辑有两个重要概念：对接剪辑和拆分剪辑。对接剪辑就是画面和声音的剪辑点一致，拆分剪辑是指画面先于声音被转换，保证画面切换更自然。

二、剪辑软件

剪辑短视频最基本的 4 个要素就是画面、声音、字幕、转场，很多剪辑软件都可以实现。接下来推荐几款口碑比较好的剪辑软件。

1. iMovie

iMovie 是一款由苹果出品的剪辑软件，支持 Mac 和 iOS 设备，界面非常简洁，大多数操作通过基本的点击和拖曳就可以实现。iMovie 11 的新增功能包括影片预告、全新音频编辑、一步特效、人物查找器、运动与新闻主题、全球首映等（图 4-13）。

图 4-13　iMovie

2. VUE

VUE 是一款支持 iOS 和安卓设备的视频拍摄及美化软件，录制时间为 10 秒，支持分段拍摄和剪辑，可以穿插基本的转场效果，支持快动作和慢动作两种拍摄速度，可以添加音乐和贴画，同时提供优秀的滤镜。

3. 快剪辑

快剪辑是 360 公司推出的剪辑软件，支持 iOS、安卓设备，它有以下几大亮点。

（1）操作很简单，刚打开软件时还会有功能教程。导入视频素材后可以看到，无论是横屏还是竖屏素材，配比都很舒服，这款软件综合了拍摄、剪辑、后期特效等多重功能，能满足大部分的剪辑要求。

（2）有炫酷的“快字幕”功能，录视频时自动出现字幕，准确率高，个别不准确的词组可以自己编辑调整。

（3）集合了爱奇艺、优酷、今日头条、企鹅号、众媒平台等多个视频平台，可轻松实现一键分享，推广视频内容。

4. 爱剪辑

爱剪辑是一款全能的免费视频剪辑软件，支持 iOS、安卓、PC 端设备，用户不需要理解“时间线”等专业词汇就能实现零基础剪辑。除了丰富的滤镜功能、炫酷转场、MTV 字幕、去水印等功能外，爱剪辑官网还提供了强大的学习教程（图 4-14）。

图 4-14　爱剪辑

5. Videoleap

Videoleap 是一款能够实现专业性与易用性一体的视频剪辑软件，从素材混合到蒙版、特效、字幕、色调调整、配乐、过场动画等，创作者可以发挥想象力去创作。Videoleap 支持 iOS、安卓、PC 端等设备，其编辑界面如图 4-15 所示。

图 4-15　Videoleap

6. Premiere

Premiere 是一款常用的专业视频编辑软件，功能齐全。它有以下几大优势。

（1）Premiere 提供了采集、剪辑、调色、美化音频、字幕添加、输出、DVD 刻录的一整套流程，它还能对视频素材进行各种特技处理，包括切换、过滤、叠加、运动及变形等处理。

（2）兼容性强，能和 Adobe 公司推出的其他软件相互协作，如 After Effects、Photoshop 等。

但是，Premiere 也有局限性，因为专业度高，操作难度比较大，创作者需要多学习运用。

【议一议】

请选择一款剪辑软件，完成一个 1 分钟短视频的制作剪辑，加入运镜、转场、配音、音乐、字幕。

【资料赏析】

农产品短视频“黄金 3 秒”的 7 种拍法，帮你提升带货效果

短视频能带货，但不是所有的短视频都能带货。经常有人向我吐槽：精心拍摄剪辑的短视频，为什么带货效果这么差？刷了不止 500 个带货短视频，我发现大部分不能带货的农产品短视频，都存在同一个问题，就是没有及时展现产品的核心卖点！

不同于图文电商，把卖点写出来，让客户自己去看、挑选，短视频带货的逻辑就是通过视频引导客户感受产品的好，引发购买欲。而短视频时间又很短，不能遵循广告中的“7 秒”印象理论。如果前 3 秒不能吸引客户，就会被划走。

一段短视频能不能吸引客户购买，决定权就在前 3 秒！如一段“苹果”视频，我们点开就看到有人徒手“掰”苹果，掰开的苹果个个都带冰糖心！在这 3 秒中，大家隔着屏幕就能感受到苹果的“甜”，能不想买吗？

抓住“黄金 3 秒”的前提是提炼好产品卖点，也就是“尖叫点”。不用太多，一个就可以。如苹果的尖叫点就是“甜”，咸鸭蛋的尖叫点在“流油”，蔬菜的尖叫点在“新鲜”……找到"尖叫点"后，更重要的是要用镜头语言进行展示。

在"黄金 3 秒"中，用镜头语言展示农产品的"尖叫点"，有以下 7 种方式。

1. 细节法则：用微距、近镜头，展现细节美

农产品为"进口之物"，质量安全最为大家关注。很多农产品仅凭外观很难判断好坏，只有在切开之后，展现横切面、纹理等内在细节。同时，用手机拍摄时，将微距模式打开或把镜头拉得足够近，让大家近距离观察之后，才能放心购买（图 4–16）。

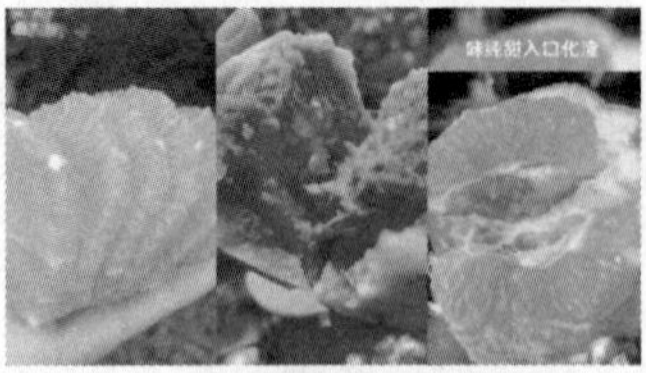

图 4–16　微距模式拍农产品

2. 颜色法则：产品特写，突出颜色对比

颜色是农产品的一张"脸"，是重要的外观品质之一，大家用肉眼就可以看到。很多时候一些农产品的新鲜度从颜色上就可以看出端倪，如绿色的黄瓜，红色的西红柿。可选择颜色反差较大的农产品放在一起进行搭配拍摄，突出颜色对比，如用西红柿的红衬托黄瓜的绿（图 4–17）。

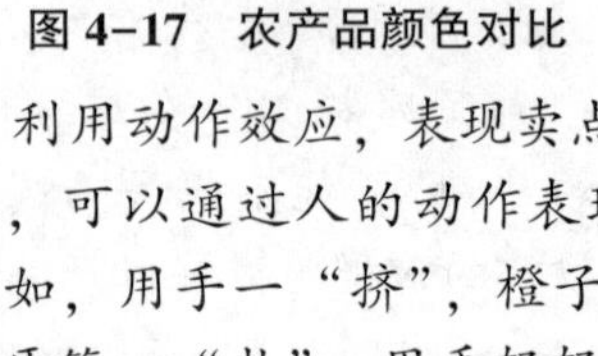

图 4–17　农产品颜色对比

3. 动作法则：利用动作效应，表现卖点

农产品的卖点，可以通过人的动作表现出来。一个动作胜过千言万语。例如，用手一"挤"，橙子就"流汁"，凸显橙子鲜嫩多汁；用牙签一"扎"，用手轻轻一"扒"，杧果皮就脱落，解决杧果"扒皮"难题；用刀一"划"，青萝卜就

裂开，凸显萝卜的清脆。

4. 场景法则：优选拍摄地点，强化背景烘托

拍农产品短视频，在哪里拍至关重要。一般来说，如果在室内，可使用素色背景或颜色反差较大的背景，可突出展示农产品的形状和颜色。如果在室外，可选择山水清秀的地方，如小溪旁、山野中、种植园内等，烘托农产品的原生态（图 4–18）。

图 4–18　农产品场景

5. 组合法则：组成特别形状，体现造型美

很多商家店铺里不止一种农产品，简单堆放会显得散乱无序，但组合成特别的形状，如给人稳定感的三角形、规则感的方形或其他有创意的形状，不仅可呈现形状摆放的合理，还能呈现农产品组合的整体和谐之美，让人对每种农产品都能增加好感（图 4–19）。

图 4–19　农产品造形美

6. 水灵法则：洗净喷水，强化新鲜感

新鲜是农产品的核心竞争力。什么是新鲜？通俗的表达就是“水灵灵”的。如何拍出水灵感？首先要把农产品洗干净，保证光线之余，可以用水和甘油按照 10∶1 的比例进行混合，或直接用水轻轻喷洒到农产品表皮，漂亮的“水雾”效果就会显现出来了（图 4-20）。

图 4-20　水灵

7. 人物法则：亲吃亲尝，突出信任感

如何让大家快速信赖一款农产品？最直接的办法就是拍摄推荐者在现场亲吃亲尝，或者和自己的亲人一起吃。看到推荐者吃得津津有味，大呼“好吃”，客户还能对农产品口感和质量有所怀疑吗？

先挖掘农产品的尖叫点，然后在视频的前 3 秒中展示出来，带货效果一定会有明显提升。

（资料来源：老梅有约，2020-03-17）

第五章　精心突破：农产品短视频制作秘诀

本章将从短视频的产生、如何进行短视频的精准定位入手，逐步解析如何打造出“走红”的账号，完整呈现短视频策划的全过程。

【引导案例】

农业短视频为农产品带货

一手拿着直播设备、一手拿着农产品，通过直播平台，网红热情地与粉丝们亲切互动，推销广东的农产品……从2019年网红为广东荔枝卖力带货开始，广东省农业农村厅正积极探索“短视频+网红”的农产品营销模式，以短视频精品内容带动农产品销售，打响广东名优农产品品牌知名度。如果你也想成为网红，下半年可以来广州翼·空港文旅小镇参加三农“短视频+网红”培训班，为广东农产品带货。

7月16日，“短视频+网红”农产品营销研讨会在广州翼·空港文旅小镇举行，多个短视频和直播平台代表、网红大V、高校学者齐聚一堂，群策群力，探讨如何建立农业“短视频+网红”互动交流平台。

以西瓜视频创作人“巧妇9妹”为例，自2017年5月开始做短视频直播至今，全网累计粉丝数量1 000多万人，播放量达11亿次，2018年销售额较2017年翻一倍，达800多万元；快手网红达人“散打哥”坐拥4 440多万名粉丝，在2018年快手卖货节上仅1天就卖出1.6亿元……

“短视频+网红”已经成为农产品营销一大趋势，对此北京大学光华管理学院王翀认为，“短视频+网红”作为去中间化手段填补了市场空白，未来建设路径将从产出到产品，发展为品牌，衍生至产业，继而孵化出一个新的农产品市场空间。

作为本次研讨会的指导单位之一，在发展网红为广东农产品带货这件事情上，广东省农业农村厅一直给予了最大的支持。早在2019年4月初便面向全省农业农村系统和社会机构征集了一批农产品销售“网红”，初步组建起一支农业短视频网红“生力军”，并将“短视频+网红”运用到多个名优农产品营销中，助力广东省现代农业产业园、专业镇、特色村转型升级，助力农业产销对接，成效显著。

（资料来源：羊城晚报，2019-07-18）

【想一想】

农产品如何通过短视频带货？要注意哪些事项？

第一节　短视频是时代的选择

从人类开始使用符号、语言、文字，到图像、音频、视频，再到今天的短视频，这是一个漫长的过程，每个时代的媒介有着不同的特点。

一、什么是短视频

随着移动终端的普及和网络的提速，“短、平、快”的大流量传播内容逐渐得到各大平台、粉丝和资本的青睐。

百度百科对短视频的定义为：短视频是指在各种新媒体平台上播放的、适合在移动状态和短时间休闲状态下观看的、高频推送的视频，其时长从几秒钟到几分钟不等。短视频的内容融合了技能分享、幽默搞笑、时尚潮流、社会热点、街头采访、公益教育和广告创意等主题。

相比于文字、图像和传统视频，短视频的生产成本低，传播和生产碎片化；传播速度快，社交属性强；生产者和消费者之间界限模糊。随着用户利用碎片化时间的需求越来越强，短视频时长短、内容相对完整、信息密度大的特点，其集合图、音、文等于一身的创作形式，正好解决了很多场景下大众社交、记录、娱乐等复杂的诉求。

快手短视频平台对于短视频的定义是："57 秒，竖屏，这是短视频行业的工业标准。"

紧接着，今日头条副总裁赵添给出了另一个定义：4 分钟是短视频最主流的时长，也是最合适的播放时长。

现在普遍认为，时长在 5 分钟以内，让人在碎片时间用移动终端观看的短片视频定义为短视频。

目前短视频有四大主流平台：抖音、快手、西瓜视频和淘宝卖家秀。不同于短视频，长视频一般指超过半小时的视频，以影视剧为主。区别于短视频，长视频主要由专业公司完成制作。长视频的代表是网络影视剧，目前的发展越来越专业化，其特点是大投入、大成本和长时间拍摄。

二、短视频和直播

文字到图片，再到视频，是人类获取信息的演进方式，是一种一直向前发展的趋势。直播是在现场随着事件的发生、发展进程同步制作和发布信息，具有双向流通过程的网络信息发布方式。

关于短视频和直播哪一个更好，早在 2016 年就有很多商业人士做出自己的判断，一个是奇虎 360 公司的董事长周鸿祎，他觉得短视频就是一个过渡，直播才是未来发展的方向。他给出的理由是：一来普通话很难拍出好看的短视频；二来短视频长短很难控制，短了表达不出内容，长了大家又会跳着看。而直播，既有社交属性，又有媒体属性，还和娱乐有关，所以会成为互联网上一种重要的表达方式。

然而，今日头条的张一鸣则持完全相反的观点，他认为：现在视频的生产、分发和互动形式跟以前不一样了。有了智能手机，谁都能生产出足够吸引人的内容，而且在社交网络上分发也很方便，互动更是没有障碍。一个人除了吃饭、睡觉的时间外，都可以跟其他爱看视频的人一起互动。除此之外，他还拿出今日头条的数据来支持自己的观点：在 2016 年今日头条每天有 10 亿次的视频播放量，其中 93%的视频时长都在 10 分钟之内。从某种层面来说，短视频和直播的表现形式不同，满足的市场需求也有差异，但生产和发展领域基本一致。

事实上，短视频和直播之间还存在不小的差异，具体介绍如下。

一是短视频短小，很易于传播，加上平台不断优化的技术，在社交网络中的地位越来越重要，吸引更多人参与短视频的生产和传播。短视频传播和观看的成本也很低，只要内容足够好，作品足够优秀，就会有无数的使用者自发地转变为销售人员的角色，最终发展成为头部市场。

二是短视频不需要“实时”，制作者可以花很多时间制作和打磨，而直播强调“实时交互”，作品立刻就会被观众看到。

三是直播更像是一次服务，只是每次服务的对象很多，而短视频做好了就可以随时随地去传播。

四是直播和传统长视频一样，更多用来满足用户的内容消费需求，具有很强的社交属性，而短视频并不强调与用户的互动性。

三、进入机器算法时代

机器算法是指机器在推荐之前会对用户画像及用户行为进行分析，准确判断用户的喜好，然后选出用户最感兴趣的视频，并推荐给用户。无论是看直播还是看短视频，用户都是在不同的平台上看，在机器算法时代到来之前是“优酷模式”，人们会根据自己的喜好去找到相关的内容，如对一个主题的内容感兴趣，用户会在不同的视频平台搜索，找到想要看的内容。进入机器算法时代后，平台方的作用越来越大，平台不是被动地等待用户去搜索，而是根据用户的喜好和大数据来主动推荐内容给用户。

基于大数据的算法进行内容推荐的短视频平台越来越多，也将会成为必然趋势。也就是说，目标用户明确、标签明显的视频内容更可能获得流量倾斜。有一些看似冷门、小众的内容，却能获得极高的推荐和流量，原因就是视频内容非常细化垂直，目标用户明确，就会被机器算法推荐给大量相关用户。

机器算法的机制有 3 个方面：视频与用户画像的匹配程度、热度（赞、评论、转发等）、发布时间。

例如，抖音的机器算法，流量分配是去中心化的，即使你没有粉丝，发布作品之后也会有一定的播放量，这就是流量池。抖音会根据机器算法给每一个作品分配一个流量池，然后根据该作品在流量池中的表现决定是否把该作品推荐给更多人。

对比抖音和快手的机器算法，我们可以看到两家企业的创始人对算法的不同认识：抖音创始人张一鸣刚开始认为“算法没有价值观”，后来说“算法要有价值观”，他强调“我们不是一家信息公司，我们只是一家技术公司”；快手创始人宿华认为“机器不会无中生有地产生一个算法，算法背后是团队的价值观”。

在机器算法模式下，多发原创视频、保持稳定的更新频率才能被算法所认识，才有更多机会被算法推荐。算法继续发展，短视频创作者为了迎合算法而拍视频，视频观看者根据算法被推荐要看的视频，这对我们的未来会有什么影响，我们将拭目以待！

【议一议】

你怎么看待机器算法的发展和未来？你同意张一鸣还是宿华的观点？为什么？

第二节　优质短视频的五个元素

一个优质的短视频应该包括 5 个元素，分别是价值趣味、清晰画质、优质标题、音乐节奏、多维胜出，下面分别进行介绍。

一、价值趣味

短视频的第一要素——价值趣味，是一个短视频的基础。

所谓“价值趣味”，是给观众提供某种价值和趣味。一部短视频可能让人看完觉得很无聊，不知所云，也可能让人深受启发，为其提供价值和趣味的共鸣。

我国首个新媒体短视频奖项为“金秒奖”。2018 年“金秒奖”入围作品包括《高考前考生背后的故事》《广东人与广东蚊子的战斗史》《带着狼上下班是什么体验?》《留学生出国常犯的错误》《心理医生不能说的秘密》《成都美食手册》《麻辣小龙虾的正宗做法》《来时的路》《5 岁时，她已是一只满分的天鹅》等。

看到这些名字，我们可以判断它们都是很有价值趣味的短视频，也会发现最受欢迎的视频有一半都具备一个共同特征——真实（真实的人物、真实的故事、真实的情感）；或是很有趣味的主题，这是优质短视频的第一要素。

二、清晰画质

短视频的第二要素——清晰画质，它决定了一个短视频带给用户的体验。

很多短视频传播不开，和本身的画质有很大的关系。如果视频拍摄得不清晰，画质不够优秀，即使内容很好，也容易被用户关掉。现在很多短视频的画质都在向“大片”靠拢，画面清晰度也符合“消费升级”的要求。

播放介质不同，对视频画质和视频尺寸的要求也不同，如长视频在计算机上播放，需要适合计算机显示器屏幕的大小；短视频在手机上播放，需要适应手机屏幕的大小。

清晰画质是短视频基本态度的体现，也是一个很关键的要素。

三、优质标题

短视频的第三要素——优质标题，它决定了短视频的打开率。

在广告界，美国权威机构经过科学测试，认为广告效果的50%~75%来自于广告文案。世界著名广告文案大师大卫·奥格威曾经指出：“广告是文字性的行业，在奥美公司，员工通常写作越好，提升越快”。

在出版界，一本书的封面文案也会在很大程度上影响一本书的销量。

想要增加短视频的打开率，短视频的标题是决定性因素。平台对短视频内容主要通过机器算法推荐分发，机器会从标题中提取分类关键词进行推荐，随后短视频的播放量、评论数、用户停留时间将决定这条短视频是否能够继续得到推荐。

在取标题的时候，创作者需要想清楚这条短视频的内容到底要解决谁的什么问题，也就是“痛点”。

例如，有一个短视频账号是做宝宝辅食的，第一次取的标题是“非常简单，十分钟做养脾胃辅食”。这样的标题就没有说清楚要为谁解决什么问题。如果要解决的是宝宝脾胃不良的问题，就要找到对应的症状，然后取出下面的标题：“宝宝消化不良，睡眠不好，十分钟学会调理脾胃蔬菜饼”。

首先，短视频要解决的是宝宝脾胃不好的痛点；其次，消化不良和睡眠不好是脾胃不好带来的症状。宝妈们看到这个标题，就会点击进去观看。有了这样的标题，短视频的打开率就会提升。

四、音乐节奏

短视频的第四要素——音乐节奏，它决定了短视频的情绪和基调。

短视频本身就是一种视听的表达方式，配乐作为声音元素的重要组成部分，能够更好地传递镜头前的内容。音乐节奏的搭配有 3 个要点。

一是尽量把动作放在音乐节奏的重音上，使音乐和画面看起来很协调，也很有重点。

二是挑选和短视频内容相符的音乐类型，如新年风、欧美风、日韩风、民族风和搞笑风等。

三是学会模仿优秀作品。优秀作品的音乐节奏一般都把握得很好，值得创作者好好分析和模仿，以积累更多经验。

对于短视频创作者来说，音乐负责升华情绪和主题，帮助观众快速进入情境。

五、多维胜出

短视频的第五要素——多维胜出，它决定了短视频的综合价值。

如今，好的短视频会在编剧、表演、拍摄、剪辑和后期加工等多方面被精细打磨，这种能多维度胜出的视频最终会成为优质的短视频。

一个短视频若是具备价值趣味、清晰画质、优质标题、音乐节奏、多维胜出这 5 个元素，必将成为非常优质的短视频。

【想一想】

打开一个短视频 App，看看你喜欢的短视频是否为优质短视频，请分别按照这 5 个要素拆解分析一下你喜欢的短视频。

【资料赏析】

我为什么认为李子柒是最佳金秒奖呢？

一、她不靠炒作出名，实打实的无疑成为一股清流

李子柒很简单，“我就是我，无法取代的我”。李子柒只想用美食书写身边的事。她本只是在美拍上发发视频，她本想在微博上发发自己做的事。结果，她不小心成了网红。

二、她不用华丽包装，我行我素

李子柒喜欢静静地做美食，方圆十里，鸟语花香，乐在其中。你见她拍出来的视频是美的，你却不知道她背后的苦。李子柒，自拍自关自开就是无数次。

三、她外形甜美，耐看

李子柒外形朴实，有特色，同时做的一手好农活。

第三节　如何精准定位短视频领域

这是一个信息过载的时代。面对不计其数的短视频，用户会如何选择呢?

根据“定位之父”——杰克·特劳特提出的著名商业概念“二元法则”，消费者心中只容得下数一数二的产品。对短视频内容从业者而言，这无异于一场战争，其本质就是消费者注意力的抢夺、头部位置的抢占。制胜的关键就是准确的定位和成功的策划。

一、如何进行短视频用户画像

2008 年夏天，苹果公司在全球 22 个国家推出了 iPhone 3G 手机，美国和欧洲各国的消费者满怀欣喜地迎接了它。但是，这款手机在日本市场的反响一般，苹果公司也从未认为日本的用户可能拥有和欧美各国用户不同的需求。事实上，截至 2008 年，日本用户已经习惯用手机拍录像、看视频，而且日本很多手机都安装了银行卡交易和刷火车交通卡的芯片，而这些功能 iPhone 3G 手机都不具备。

iPhone 3G 手机在日本的失败，给了乔布斯一个重大教训：在推出产品前，了解用户的期望可以解决大问题。

了解用户并进行用户画像也是短视频内容生产者进行创作的第一要务。短视频内容生产者可以采用互联网行业用户画像的思路。

1. 什么是用户画像

交互设计之父阿兰·库伯（Alan Cooper）认为：用户画像是真实用户的虚拟代表，是建立在一系列真实数据之上的目标用户模型，简而言之就是将用户信息标签化。百分点技术总监郭志金解释，标签呈现两个重要特征：语义化，人们能很方便地理解每个标签的含义；短文本，每个标签通常只表示一种含义。标签本身无须再做过多的文本分析等预处理工作，这为利用机器提取标准化信息、聚合分析提供了便利。

2. 用户画像的意义

用户画像有利于商家换位思考，让用户回到“以用户为中心”的设计中去；也有助于了解用户偏好，挖掘用户需求，实现精准化营销。

3. 大数据时代用户画像的步骤

在大数据时代，得用户者得天下。依托庞大的用户数据构建出一整套完善的用户画像，主要有下面3个步骤。

(1) 基础数据收集。收集用户在网站内外的静态数据和动态数据。

(2) 行为建模。基于用户的基础数据，通过技术手段进行行为建模。

(3) 构建画像。通过行为建模，可以输出一系列的用户标签；每个用户的标签都可以形成一个集合，这个标签的集合可以表示出该用户的特点。

4. 如何进行短视频用户画像

基于大数据的用户画像多被网站、大型公司、App用来进行用户分析，它对技术和资金都有较高的要求。定位短视频内容的用户，可以结合用户画像和定性研究的思路，实用高效，步骤如下。

(1) 准备工作。

①用户信息数据分类：用户信息数据分为静态信息数据和动态信息数据两类。静态信息数据就是用户的固有属性，是构成用户画像的基本框架，主要包括用户的基本信息，如社会属性、商业属性、心理属性等。这类静态的常量信息是无法穷尽的，如姓名、年龄、性别、家庭状况、地址、学历、职业、婚姻状况；选取符合需求的即可。动态信息数据就是用户的网络

行为，包括搜索、收藏、评论、点赞、分享、加入购物车、购买等。动态信息数据的选择也得符合产品的定位。

以短视频美食账号为例：静态数据包括用户的性别、年龄、城市等；动态数据包括最常用的短视频平台、关注的账号、点赞、评论、留言、取消关注等的动机和原因。

②确定用户使用场景：确定了用户的信息标签类别还不能形成对用户的全面了解，短视频生产者需要把以上的用户特征融入一定的使用场景，才能更加具体地体会用户的感受，还原用户形象。这是非常关键的一步。

确定用户使用场景，采用经典的5W1H方法即可。

Who——短视频用户

When——观看短视频的时间

Where——观看短视频的地点

What——选择观看什么样的短视频

Why——某项行为背后的深层动机，如关注、点赞、转发

How——可以与用户的动态、静态场景结合，洞察用户使用时的具体场景

③确定用户的动态使用场景模板：提前建立沟通模板，可以避免由于措辞不当和提问顺序的变化对用户造成影响，从而使研究结论出现偏差。沟通模板要结合用户动态信息和用户使用场景，具体的设置依据短视频生产者期待获取的信息来确定。

（2）获取用户的静态信息数据。获取用户信息需要对数以千计的样本量进行统计，而短视频制作公司通常体量小，且用户的基本信息重合度高，因此短视频生产者可以利用网站可获取的竞品账号数据来获取用户的静态信息数据。

推荐通过卡思数据来获取用户静态信息数据。该网站是国内领先的视频全网大数据开放平台，提供全方位的数据查询、用户画像、视频监测服务，为团队在内容创作和用户运

营方面提供数据支持。下面以短视频美食制作方法为例，了解如何通过分析竞品账号数据获取用户的静态数据。

①打开卡思数据网站，榜单页面显示了不同维度的榜单排名。按照视频发布的主体分为五个类别：红人榜、PGC、网综榜、网剧榜、动漫榜；按照不同平台分为七类：抖音、快手、bilibili、美拍、秒拍、西瓜视频、火山小视频；按照视频内容类型分为小姐姐、小哥哥、搞笑、美食等 15 个类别。我们还可以根据需要选择更新的时间范围。

②经过筛选，选择与本账号的内容表现形式比较接近的账号“爱做饭的芋头 SAMA”，点击进入。我们可以看到三大数据分类：数据分析、舆情分析、用户画像。

③点击用户画像，我们可以看到基本的静态数据：性别分布、年龄分布、地域分布等。对其进行分析后发现，“爱做饭的芋头 SAMA”账号用户的静态信息非常清晰。

④再选取两个与自己的账号定位相似度高的账号，然后对数据进行归类，基本上可以确定本账号用户画像的静态信息范围。

（3）获取用户的动态使用场景信息。在《用户画像——大数据时代的买家思维研究》一书中，作者阿黛尔·里弗拉给出了几种“用户洞察”的方法，如问卷调查、利用 B2B 销售人员构建用户画像、用户深度访谈等。用户深度访谈属于定性分析，是通过与被访者做深入的沟通来获取有价值的、细致的信息，因此需要对方做一些理解、回忆和思考。

根据广告界传奇人物大卫·奥格威的观点，如果让用户刻意回答对某个产品的看法，他们可能无法解释清楚。例如，对短视频深度访谈来说，当问及用户对某条视频的感受及为何关注账号时，他们可能无法给出明确的答案，这个时候，访谈者要扮演一个优秀的倾听者的角色，在受访者讲述时认真倾听，以便抓住他们做决定的心态，深入挖掘用户点赞、转发及关注某账号的原因。

（4）形成短视频用户画像。把以上的静态信息和动态使用场景进行整合，就形成了美食类账号的用户画像，具体内容介绍如下。

性别：女性占比 60%~70%，男性所占比例相对较小。

年龄：6~17 岁占 30%~40%，18~24 岁占 50%以上，25~30 岁占 10%左右，30 岁以后占 0~10%。

地域：广东、江苏、四川、浙江、山东占比最高。

婚姻状况：未婚者居多。

最常用的短视频平台：抖音、新浪微博。

使用频率：女性 3~5 次/周；男性 2 次/周。

活动时间：19—20 时；12—13 时；周活跃时长：2~8 小时/周。

地点：家、公司、学校。

感兴趣的美食话题：被推送到首页的各地特色美食。

什么情况下关注账号：画面有美感、日常饮食可以借鉴的、账号持续输出优质内容。

什么情况下点赞：比期望值高、特别走心。

什么情况下评论：激发了共鸣或产生争议。

什么情况下取消关注：视频内容质量下滑、与预期不符、无更新、广告太多。

用户其他特征：喜欢摄影、美妆，喜欢有质感、高颜值、有格调的物品。

【议一议】

1. 请总结完成一个短视频用户画像有哪些步骤。

2. 请选取一个短视频领域，用以上步骤进行用户画像。

二、如何做竞品分析

1. 什么是竞品分析

“竞品分析”（Competitive Analysis）一词最早源于经济学领域，现在被广泛应用于互联网产品的立项筹备阶段，指对现有的或潜在的竞争产品的优势和劣势进行评价，以有效提升产品的设计和运营。

2. 竞品分析的目的

竞品分析的需求贯穿于整个产品周期，不同阶段其分析目的不同。对于短视频来说，主要有以下 4 个产品阶段。

（1）产品概念期。产品概念的把握，市场机会的判断，用户需求的挖掘。

（2）策划制作期。脚本台词的研究，拍摄技巧的研究，美术风格的测试，市场定位的研究。

（3）运营推广期。渠道平台的研究，竞争策略的制定，传播策略的制定，运营方式的研究。

（4）平台变现期。用户诉求和情感研究，用户满意度研究，核心卖点提炼，付费策略设计，产品推广效果研究。

3. 竞品分析的步骤

做竞品分析要具备系统性思维，遵循不同维度要点，逐步推进。竞品分析的主要步骤如下。

（1）确定目的。做竞品分析的前提是理清现状，分析产品所处的阶段，了解目标用户，然后确定竞品分析的目的。

（2）确定关键词。

①联想关键词：结合产品定位，通过联想更多与产品有关的关键词，从用户、元素、场景等角度进行头脑风暴，尽可能多地获取与产品相关的关键词。

以母婴短视频为例，母婴类产品的核心关键词有宝宝用品、辅食、早教等；从“早教”又可以衍生出宝宝手语、早教机器人、绘本、英文儿歌、宝宝手工等关键词；从核心关键词“宝宝用品”又可以衍生出宝宝药品、婴儿奶粉、宝宝玩具、宝宝衣服、纸尿裤等关键词，而“宝宝玩具”又可以进一步衍生出男孩玩具、女孩玩具、哄睡玩具、健身架、益智玩具等关键词。

②选取关键词：通过上述头脑风暴已经发散出了很多关键词，接下来就需要选取关键词。可以用列一个坐标轴，宏观把握。重点分析右上角象限中相关度高、体验好的关键词。然后根据选取的关键词，对账号进行搜索和统计，通常选取3~5个与当前阶段重心契合、核心流程做得出色的优质竞品，可以包括一两款该内容的龙头产品，其余为“黑马”产品。

（3）对比分析。按照若干维度对竞品进行逐项罗列对比，分析优劣。主要分析维度包括粉丝量、集均点赞量、集均分享、集均评论、爆款选题。以抖音为例，我们除查看竞品页面的数据外，还可以结合卡思数据获取更详细的数据，如近30天粉丝增量、数据发布频率、用户画像等。

【议一议】

请选取一个领域做竞品分析，并写出竞品分析报告。

三、如何建立爆款选题库

选题库是稳定输出短视频内容的保障。建立爆款选题库能快速培养网感，获取真实的用户反馈，为优质内容的持续输出储备素材。下面是建立爆款选题库的几个常用方法。

1. 日常积累

优秀的短视频内容创作者都有日常积累的习惯，通过身边的人、事、每天阅读的书和文章，将有参考价值的选题纳入选题库，不断训练发现选题的嗅觉。

2. 研究竞争对手的爆款选题

研究竞争对手的爆款选题可以获取很多灵感和思路，拓宽选题的范围。搜集竞品的爆款选题，进行分析、整合，每天 5~10 条，假以时日，也是一笔可观的资源。

3. 收集用户想法，纳入选题库

早在 1980 年，美国学者阿尔文托夫勒（Alvin Toffler）就在其经典名著《第三次浪潮》中预言：未来，在市场竞争、技术变革和企业利益的驱动之下，生产者与消费者之间的界限将会逐渐模糊，甚至融为一体，传统意义上的消费者将更多地参与到产品开发和设计环节，他们就是所谓的 Prosumer（生产型消费者）、Producer（生产者）和 Consumer（消费者）的合成。用户积极参与短视频内容的制作与筛选就是最好的印证。这种自下而上的选题决策可以有效利用“群体智慧”，增强互动，丰富内容。例如，自媒体大号“连岳”，他的很多文章素材就来源于读者来信或读者提问。

对短视频行业来说，推荐使用以下 3 种方法来收集用户的思路和想法。

（1）借助网站数据，搜集竞品账号中有价值的评论。打开卡思数据网站，选取一个竞品账号，从“舆情分析—评论列表”进入，输入“评论词云”中的关键词，即可获取相关问题，然后筛选有价值的评论。例如，搜索竞品账号“育儿小百科”，找到舆情分析页面的“评论列表”，输入“评论词云”中的关键词“幼儿园”，就可以看到下面的评论列表。然后筛选有代表性的用户问题，整理纳入选题库。

（2）从自己的账号或者竞品账号的评论中寻找有价值的选题。评论是与用户进行有效交流的便捷渠道，会折射出很多角度，如赞同、反对、质疑，甚至提出新的问题，这些都是待发掘的珍贵素材。例如“不急不吼养孩子”抖音账号，就可以从评论中挖掘出新的选题。

（3）关键词查找。在进行信息查找、分析、整理的时候，桌面研究（Desk Research）是常用的方法，而关键词查找是桌面研究依赖的主要方式。寻找选题时，可以进行关键词搜索，使用不同的搜索引擎，如百度、微博、微信搜一搜、头条、短视频，对有效信息进行整理提取、分析总结。

除以上常用的网站外，还推荐“易撰”网站，图 5-1 是易撰网站的页面。

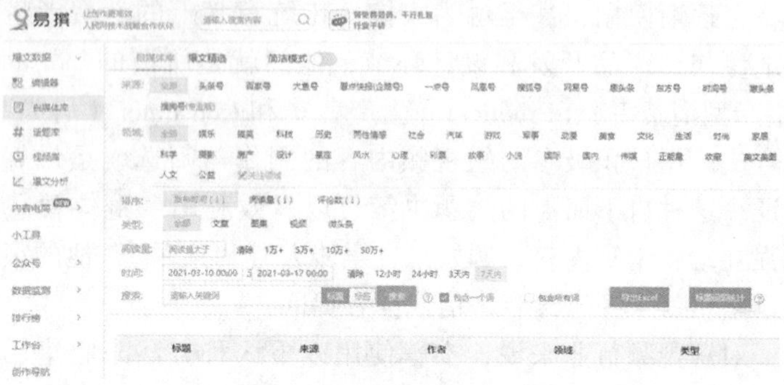

图 5-1　易撰网站的页面

易撰的视频库采集了抖音、快手、美拍等十几个视频平台的视频数据，还提供热词分析，方便提取素材。

例如，输入关键词“宝宝辅食”，会出现大量的相关文章，创作者可以从中获取很多选题思路。

【议一议】

请选择一个熟悉的内容领域，建立一个选题库，尝试用多种方法搜集选题。

四、如何准确切入选题

1. 在确定切入选题之前，需要搞清楚的问题

（1）明确内容的用户定位。知道用户是什么样的人群，了解他们的喜好和行为模式。

（2）对竞争对手的数据表现心中有数。对竞争对手的粉丝基数、每周更新量、每集的播放数据、内容风格、视频表现形式做到心中有数。

（3）澄清自己的定位和目标。知道自己的现状和优势是什么，有什么资源和短板，通过什么内容满足用户需求，如何制作出用户喜欢的视频。

2. 在切入选题的时候，要注意的问题

（1）做有资源的。“资源”是指拥有的物力、财力、人力等各种物质要素。对这些要素进行有效整合，使其成为短视频制作的有利条件，就可以认定它们是资源。

例如，某人颜值不错，有高超的钢琴演奏技能，又有很多大型演出的机会，那么把这样的资源整合起来，开设一个钢琴类的账号，可做的选题就很有想象空间了。

（2）做有兴趣的。兴趣是最好的老师，持续的热情可以支撑创作者在某个方向深耕，持续产出视频内容，在垂直方向拓展。但兴趣又有别于专业，要想判断创作者能否在选定的领域深耕下去，可以先挑选同行业的优秀账号，分析其内容深度和价值属性，判断自己的兴趣能否支持稳定持续的内容产出。

（3）适当调整选题。创作者刚开始做短视频时，可能会走一段试错的路。通常的做法是：先持续投放 10 天以上，密切关注数据，通过平台的表现来做预估和调整，再判断是继续做下去还是调整选题方向和内容形式。在这个过程中，创作者不仅要考虑成本和收获，还要衡量成本和最后栏目的播放量、粉丝量的对比情况。经过这个最小试错，创作者基本上能够把握账号的走向

和市场情况，也就可以布局短视频战略了。

【议一议】

讨论自己感兴趣且有资源的领域，确定一个可以切入的短视频领域。

第四节　如何策划可持续的优质内容

随着短视频内容的暴发，用户的品位越来越高，因此，优质的内容才是短视频吸引用户的核心因素。要想创作出优质的内容，创作者需要关注以下几个方面：优质内容的特质有哪些、知识内容的深度垂直、知识内容的极致细分、知识内容的热点生态，以及知识内容的持续产出。

一、优质内容的特质

根据 BuzzSumo（在线互联网内容筛选收集工具）显示，通过聚焦短视频内容的方法快速实现广覆盖和高投资回报率（Return On Investment，ROI）成为主流做法。短视频大奖“金秒奖”的口号也从第一年的“定义短视频”更改为现在的“定义优质短视频”。

关注并解决用户需求，引发用户共鸣的内容就是优质内容。张亮在《从零开始学运营》中提出，一个网站（产品）进入运营阶段，就要建立标准，第一点就是内容质量的甄别。要甄别短视频的优质与否，主要通过下面 4 个特质判断。

1. 知识性

“金秒奖”前三季度的参赛视频中，美食、时尚、生活方式类短视频占据参赛作品的 29%，位居前三，是短视频“红海”领域，而知识类参赛作品只有 24 支，却收获了平均 22.7 万次的播放量。用户对咨询专业度类的短视频（如科普、教育）需求明显提升。切实可用的知识，能让用户通过短视频获取价值。相对于普通娱乐性账号，用户更愿意关注专业的账号。

“真相大白话”“秋叶 Excel”和“污萌少女李小白”等大批优秀知识类短视频的崛起，给知识类短视频的发展带来了生机，指明了方向。例如，抖音账号“秋叶 Excel”致力于知识可视化，用生动有趣的短视频解析专业晦涩的 Excel 技巧，通过短短 15~60 秒的短视频讲解一个 Excel 的实操案例，如“最厉害的快捷键”“一秒找出不同”“一键生成图表”等视频，教大家办公“神”操作，简单易懂，既有知识性又有实操性，解决了办公室一族的办公难题。

2. 娱乐性

1985 年，美国媒体文化研究者、批判家尼尔·波兹曼出版了《娱乐至死》，这本书是他《媒介三部曲》之一，书中说：“一切的公众话语都日渐以娱乐的方式出现，并成为一种人文精神。”显然，娱乐性已经成为现代传媒的本质属性之一，所有的内容都以娱乐的形式展现，以求带给人们趣味性的、放松的、愉悦的感官享受。

根据美国非营利性集团 Common Sense Media（CSM）的数据，拥有更多快乐因素的电影趋于得到观众的高分。而据用户选择观看短视频动机的调查，85%的用户倾向于观看有趣的内容。那些比较受用户欢迎的短视频，其本质都是娱乐性的。无论是段子类的视频，如“Papi 酱”“污萌少女李小白”，还是知识类的视频，如“英语老师杨家成”，都是通过娱乐的形式来呈现内容，直抵观众内心，触动心灵。

3. 情感性

二更商业视频研究院在 2017 年 7 月发布了《二更·短视频小白书》用户研究报告，该报告通过微信及微博两大平台，抽样选取了3 000个有效样本，通过对短视频用户的行为调研和深度解析指出，情感性是影响用户选择的关键因素之一。在用户感兴趣的短视频类型中，“情感性”因素占比较高的为走心感动、戳中笑点、励志正能量。用户需要进行自我识别，而短视频的内容正是内心的折射、情感的体现。

4. 创意性

创意性是影响用户选择的又一关键因素。“创意性”因素占比较高的为生活巧心思/小技能、流失的文化/技艺、眼前一亮等。例如，短视频账号“山村小杰”还原了竹林边一对小情侣的质朴生活方式，男主人公子墨心灵手巧，可以用竹子制作很多生活用品，从衣架、手机支架、路灯到挎包，在展示这项几乎流失的手艺时就用到了很多创意元素。

5. 鲜明的人设

鲜明稳定的人设能给用户留下深刻的印象，形成自己的标签。例如，人气账号“代古拉 K”主打甜美可爱路线，被网友称为“抖音最美笑容”。

【议一议】

1. 如何甄别一款短视频内容是否优质？

2. 请找出 5 条优质的短视频，分析它们的内容有什么特质。

二、知识内容的深度垂直

第一财经商业数据中心（CBNData）调查报告显示，垂直化正成为短视频内容生产的趋势。用户更愿为专业化、垂直化的内容买单，这也揭示了短视频内容创业的战略：垂直深耕。短视频从野蛮生长走向了精耕细作时代，产品内容走向纵深化、垂直化，这种趋势要求短视频创作者关注产品形态，专注某一领域深耕细作，为用户提供深度的知识吸收场景。

1. 深度垂直的短视频具有以下优势

（1）受众精准。随着消费标准的转变，用户越来越重视群体归属、情感认同等价值，其消费也渐渐裂变为一个又一个小圈子。从这个角度看，深度垂直的短视频意味着“精准”，可以连接文化和消费两个维度，解决用户在专业知识需求、兴趣需求、消费升级需求各方面的痛点。

（2）长尾效应。长尾（The Long Tail）这一概念是由克里斯·安德森（Chris Anderson）在 2004 年提出的。以亚马逊网络书店为例，网店的图书销售额中有 1/4 来自排名 10 万以后的书籍。这些“冷门”书籍的销售比例正在高速成长，预估未来可占整个书市的一半。亚马孙的案例告诉短视频创作者，要找准垂直领域、细分用户群、抓利基市场，这样才能做到单点聚焦、长线发展。

（3）易于变现。优质的垂直领域创作者能够专心做好内容，借助现成的平台来发展，实现商业利益。一些垂直领域的内容博主虽然没有很大的粉丝基础，但他们可以结合社群进行变现，业绩惊人。例如，某设计类公众号开始售卖课程，一篇只有 4 万阅读量的纯图文，竟然产生了 7 000 多个订单，转化率高达 15%。又如，深入做红酒内容的“醉鹅娘”，该账号已更新了近百个红酒文化视频，靠着企鹅团大约 6 000 位会员的持续消费，年流水超过 2 500 万元。

2. 如何做垂直领域呢？核心词就一个——“聚焦”

（1）聚焦某类目标人群。做垂直领域最常见的方法是确定核心目标人群，通过直击该人群“痛点”的内容去吸引他们，再通过符合其特质的内容和调性增加用户黏性。例如，“美柚”主打的是年轻女性群体，“辣妈帮”主打的是“辣妈”群体。

（2）聚焦某类主题场景。根据短视频用户的主题场景进行纵深挖掘，在内容表达上突出场景化，与此类消费者进行深度对话。例如，“马蜂窝”主打的是旅游主题；“Keep”主打的是徒手健身主题场景；“办公室小野”则聚焦办公室做美食的场景。

（3）聚焦某类生活方式。短视频除了要塑造品牌形象外，还要能够打造一种让用户愿意追随的生活方式。例如，很多人会说：“若我不在星巴克，那我就正在去星巴克的路上”。星巴克塑造的是一种生活方式，短视频品牌也应该打造这样一种理想的生活方式，将产品嵌入其中，做垂直化表达。

短视频账号“山村小杰”实现了很多用户“小桥流水人家”的生活梦想；短视频账号“李子柒”呈现的是一种古风古韵的生活方式，清雅素朴的画面吸引了很多用户的关注。

【议一议】

请找出一个垂直类的短视频账号，分析其内容特点和优势。

三、知识内容的极致细分

细分市场（Market Segmentation）这个概念是美国市场学家温德尔·史密斯（Wendell R. Smith）提出的，是指把某一产品的市场整体划分为若干消费者群的市场分类过程，每一个消费者群就是一个细分市场。

对短视频来说，深度垂直是一个趋势，而细分则是在垂直行业版块中再挑选主要的业务深度发展。如果把短视频市场比作一块蛋糕，细分就是市场中的切割思维，切割的方式可以有很多种，可以横着切，也可以竖着切。细分可以按地域分，如“二十吃垮成都”“二十吃垮深圳”，也可以按兴趣、生活场景、知识单元来分。

例如，蔬菜是垂直类，那么西红柿就是垂直细分，青肩西红柿就是重度垂直细分。又如头条号“MakerBeta”定位于科技手工类视频，属于非常细分的领域，很小众，但播放量也很可观，19万人看了机械手臂的制作，10万人看了加特林皮筋枪的制作。

【议一议】

对你所从事行业进行极致细分，并说明这样细分的原因。

四、知识内容的热点生态

热门话题是指一定时间、一定范围内公众最为关心的热点问题。追踪热点的能力是短视频创作者的基本功。只有掌握热点信息的特性，才知道如何追踪热点、抓流量，生产出和热点相关的视频话题，既保持自己的存在感，又契合产品的卖点。

热点分为两种类型：突发事件和热点事件。

1. 突发事件

突发事件是指突然发生，造成或者可能造成严重社会危害，需要采取应急处置措施予以应对的事件。

以2018年9月16日台风“山竹”侵袭广州为例，很多短视频实时播报台风场景，其中“深视新闻”有一条短视频“台风也阻止不了深圳人的上班路”，视频中深圳市民在倒塌的树丛间爬行穿梭，场面既有喜感又让人泪目，播放量可观。

2. 热点事件

短视频创作者必须知道，追热点是提高点击率最直接、有效的方式。在特殊的时间节点或者某个热点事件刚发生后，借势热点往往能够让视频瞬间被引爆，从而达到扩大影响力的效果。短视频平台每隔一段时间都会有热推的视频话题，平台也会对相关话题的短视频给予流量倾斜。据卡思数据月报统计，少儿、游戏领域的暑期效应明显显现，分类流量占比均有所提升，尤其是前者，在 7—8 月超过生活资讯，成为行业第一。对于这种属性很强的分类，只要把握住暑期的流量红利，加强内容和运营，流量通常会有明显的提升。

例如，通过一帧大数据之前监测到的抖音“网红”——“摩登兄弟”的一条火爆视频，7 日内新增播放量超 1 亿次，位居抖音近 7 日视频热度榜前三名，其中新增粉丝量 1 003 663 人，新增点赞量 3 988 167个。

值得短视频创作者注意的是，追热点要追的不是热点新闻，而是热点关键词。平台是根据关键词推送短视频的，创作者只有选了热点关键词，才有可能获取不错的推荐量。下面推荐几种热点追踪工具，供短视频创作者追踪热点时作为参考。

（1）百度搜索风云榜。百度搜索风云榜以数亿网民的搜索行为作为数据基础，以关键词为统计对象，建立权威的关键词排行榜与分类热点门户，以榜单的形式呈现出全民搜索排名。图 5-2 就是百度风云榜热搜页面。短视频创作者可以根据自身的目标人群及地域分布来了解相关的热点和资讯，根据搜索到的热点信息匹配短视频的内容。

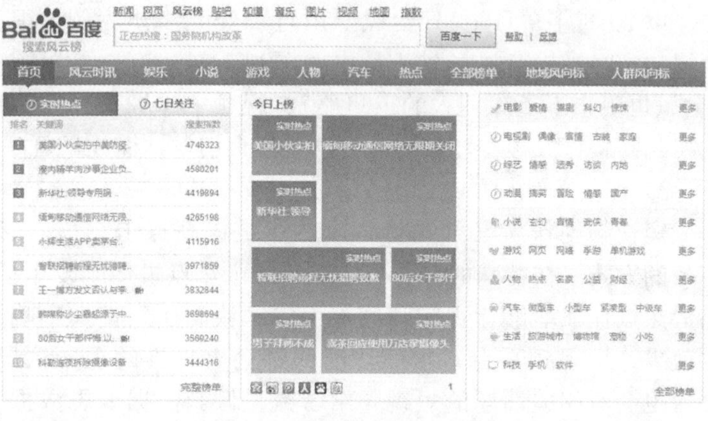

图 5-2 百度风云榜热搜页面

（2）新浪微博热搜榜。新浪微博基于自身平台用户的搜索行为，第一时间挖掘、捕捉大众关注的兴趣点和热点。内容版块包括 5 个部分：热搜榜、话题榜、新时代、同城榜、好友搜，从各个维度罗列热点话题，提供大众热点榜单。

图 5-3 就是新浪微博热搜榜。

图 5-3　新浪微博热搜榜

（3）知微事见。知微事见是一个深度的事件智库，专注于热点事件、企业危机事件、营销事件的研究与分析。知微事见提供了全平台事件影响力指数、微信平台影响力指数、网媒平台影响力指数、近 30 天热点事件，以图表的形式体现，非常直观。图 5-4 是知微事见的网站页面。

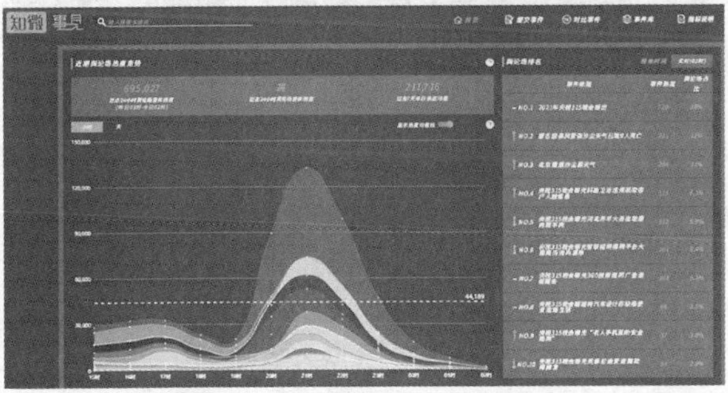

图 5-4　知微事见的网站页面

（4）抖音平台热搜。抖音平台热搜中包括热搜榜、视频榜等，分别展示热搜话题、热搜视频等的排名，如图 5-5 所示。

图 5-5　抖音平台热搜

（5）飞瓜大数据。飞瓜大数据以大数据还原初始内容场景，精准匹配内容需求，海量标签，精准识别，智能分发，其中包括很多对热点有导向的内容，如图 5-6 所示。

图 5-6　飞瓜大数据

【议一议】

今天的 TOP5 新闻热点是什么呢？你是通过什么渠道获取的呢？

五、知识内容的持续产出

短视频发布的数量和频率也是非常关键的，更新数量越多，曝光概率越大。行业“大 V”的发布数量平均每天保持 5 条左右的新内容更新，大部分创作者保持每日更新或者每周更新的频率。例如，“日食记”每天都更新内容，虽然不是每天一道新菜，有时会发做菜教程图文版，有时会发视频，有时会发一些互动；有些制作过程相对耗时的短视频，如 Papi 酱，也保持持续有规律的输出。为什么要保持持续输出的数量和频率呢？

1. 培养用户习惯

持续规律地输出内容，可以培养用户固定的观看习惯，增强用户黏性。当黏性足够强时，用户就慢慢具备了粉丝属性。如果不能持续输出内容，就容易被用户忘记。

2. 占领用户心智

互联网时代的竞争就是占领用户心智的竞争。短视频也一样，每个 IP 都在调整自己的内容和发布频率，尽力得到用户的认可。只有占领了用户的心智，才能扎根用户心中。

【议一议】

请通过你知道的渠道查询“秋叶 Excel”和“视知 TV”的发布频率，看看它们是如何持续输出内容的？

第五节　装修出“走红”的账号

内容是短视频的核心，但还有一个不能忽略的要素，就是账号的设置。账号的设置涉及账号名、Logo、头像、标题等，它们会在很大程度上影响账号的形象和短视频的播放量。设置一个账号，就如同装修一间房子，要遵循步骤并掌握技巧。接下来从几个维度解析如何装修出“走红”的账号。

一、账号名拟定

好的账号名能够提示产品提供的价值，降低传播成本。起一个响亮易传播的好名字是一件不容易的事情。团队可以从各个角度进行头脑风暴，然后进行筛选。拟定账号名有以下思路。

1. 简洁易记忆

在大多数情况下，账号名应该足够简洁，避免生僻的词汇和发音，避免复杂的拼写，以便于记忆和书写。这不仅容易让用户记住，也利于后期的品牌植入和推广。例如，美食栏目“一条”是一个主打生活类的短视频，以每天一条的节奏发布原创短视频，其账号名笔画简单，容易记忆。

2. 谐音命名

短视频账号数量庞大，想要在众多账号中脱颖而出、让用户记得住，就得起一个有创意的、容易引起用户联想的名字。最常见的方式是通过谐音来命名。例如，“洋葱”旗下有2 000多万名粉丝的IP“七舅脑爷”，2017年曾入围“金秒奖”，这个账号除内容有新意、情节充满悬念外，名字也很容易记忆，让人想起谐音“七舅姥爷”。

3. 关键词定位

账号命名和起标题一样，可以引入关键词。关键词提示了账号的内容方向，可以是地域，也可以是领域。例如，“野食小哥”“贫穷料理”提示了短视频的内容与美食相关；“二十吃垮成都”很容易圈粉对成都小吃没有抵抗力的用户。

4. 以数字命名

古希腊哲学家毕达哥拉斯认为“数是万物的本质，数字有很奇妙的能量”。很多自媒体会巧妙地运用数字来命名，不仅能吸引用户的注意，而且能强调数字所传递的概念。例如，基于微信公众号的读书分享自媒体“十点都市”，以及创意搞笑类的短视频节目“陈翔六点半”。起好名字之后，要核查所起的名字是否已经被注册，避免日后出现不必要的麻烦。

【议一议】

请分析喜欢的账号名的特点，结合以上思路，为自己的短视频账号起个有特点、易传播的名字。

二、Logo 设计

有句话说：“即使一把火把可口可乐烧得精光，它也能凭借着它的 Logo 东山再起”。这句话充分诠释了 Logo 的重要性。图 5-7 是可口可乐的 Logo，Logo 绝不是随机选取的一个符号，它是品牌精髓的视觉化表达。当用户可以轻松记住 Logo 时，它就具有了品牌竞争优势。

好的 Logo 设计要关注以下 4 个维度。

图 5-7　可口可乐 Logo

1. Logo 的图标

简洁的、有标志性的 Logo 识别度更高。例如，Twitter 的 Logo 就很有标志性，如图 5-8 所示。

“从今往后，Twitter 就是这只小鸟，这只小鸟就是 Twitter”，2012 年，Twitter 发布了全新的、具有双关意义的 Logo——简化版的 Twitter 小鸟。twitter 本来也有“小鸟的叫

图 5-8 Twitter Logo

声”的意思，在 Twitter 光明的前景下，这只 Twitter 小鸟蓄势飞向蔚蓝的天空。

2. Logo 的文字

Logo 的文字需要精简、有代表性、有设计感。同时，字体的选择及设计占非常大的比重。

Logo 的设计字体与普通的印刷字体不同，除外观造型的差异外，更需要体现出品牌的特性，对形态、笔画、造型都有更高的要求。

例如，Ford 和 NETFLIX 的字体及造型设计感强，辨识度高，其 Logo 形象已经深深植入用户心中，如图 5-9 和图 5-10 所示。

图 5-9 Ford Logo

图 5-10 NETFLIX Logo

3. Logo 的用色

在所有影响 Logo 设计的“潜规则”和“冷知识”中，颜色是最有力的元素之一。根据 WebPageFX 公司的调查，85% 的消费者会把色彩作为他们购买过程中的首要因素。公众号“图解金融”曾经分析统计了 2016 年《财富》世界 500 强企业的 Logo，发现大公司的 Logo 使用的颜色，超过半数以蓝色为主色调，占 54.4%，以压倒性优势超过排名第二的红色；使用红色作为主色调的公司占 39.8%。这一现象主要归结于下面两个原因。

（1）色彩的主观性。蓝色是理智，红色是热情。蓝色的波长很短，它所传达出的情绪是冷静而克制的，给人安全可靠的感觉。以蓝色为 Logo 的企业会让人们产生更多的信赖和安全感，因此蓝色是银行、保险、汽车、电器等企业的最好选择。

（2）蓝色最受喜爱，红色最安全。全球知名分析服务公司 KISSmetrics 针对“什么样的颜色有助于提高关注和利于营销”做过一个调查，发现无论是男性还是女性都最喜欢蓝色，而醒目的红色是转化率最高的颜色之一。

4. Logo 的整体性

一个有影响力的 Logo 在视觉上不能太涣散，不能轻易被其他元素干扰，而应给用户整体、统一的感觉。

【议一议】

请分别从 Logo 的图标、文字、用色和整体性 4 个角度分析 3 个你喜欢的 Logo 具备什么特点。

三、头像选取

头像是辨识账号的一个主要标准。用户打开一个短视频账号，吸引他进入除了内容以外就是头像了。选取头像要符合两个原则：符合身份特征、图像清晰美观。

常见的选取头像有下面几种情况。

1. 使用真人头像

真人头像可以让用户直观地看到人物的形象，拉近心理距离。例如，悬疑情感短视频账号“七舅脑爷”，以及段子女王 Papi 酱和游戏解说“蛋蛋解说”，这些账号都使用了真人头像，有助于个人 IP 的打造。

2. 图文 Logo 头像

用图文 Logo 做头像可以明确短视频的内容方向，有利于强化品牌形象。以“秋叶 PPT”为例，作为在线教育领域非常有影响力的 PPT 课程，这种图文形式非常直观，有力地强化了“秋叶 PPT”的品牌形象。

3. 使用短视频的动画角色做头像

用短视频中的动画角色做头像，有助于强化角色形象。例如“一禅小和尚”，主人公一禅是一个聪明可爱的 6 岁小男孩。一禅因为被阿斗老和尚捡起并收养，所以自小在庙里当和尚。一禅喜欢问师傅问题，每次师傅都会讲一些道理，帮助一禅成长。这些场景就形成了“一禅小和尚”这个账号的主要内容。又如“萌芽熊”也是使用动画角色做头像。

4. 使用账号名做头像

账号“不急不吼养孩子”和“一条”都是用账号名的文字做头像，背景为纯色，突出了字体，很直观，能够强化账号 IP。

5. 使用卡通头像

使用卡通头像即选取一个和自己账号的内容方向相符的形象做头像，例如“软软大测评”和“爱做饭的芋头 SAMA”，其头像的形象符合短视频搞怪、俏皮的风格，如图 5-11 所示。

图 5-11 爱做饭的芋头 SAMA

【议一议】

看看你喜欢的短视频的头像属于什么类型。

四、标题拟定

标题是播放量之源，好标题往往意味着成功了一半。有时标题的一字之差，会带来截然不同的播放量。

1. 好标题的意义

好标题通常有下面几个意义。

(1) 具备社交属性。好的标题具备社交属性，例如，“幼儿园开园第一天，老师辛苦啦”这个视频的点赞量达 168 万个，转发量达 12 万条。很多父母对此场景感同身受，或转发给其他家长，或转到母婴群里。

(2) 获取算法渠道流量。推荐算法渠道能精准获取用户的兴趣点，所以今日头条、企鹅号、美拍、UC 都采用推荐算法渠道，且越来越多的渠道也开始采用这种方法。

从运营层面来讲，机器算法对图文解析的优先级高于视频图像，最直接有效的获取途径就是短视频的标题、描述、标签、分类等，这些是内容运营的重心。

从用户层面来讲，标题是视频内容最直接的反馈形式，在用户点击因素中占据很高的权重。从推荐渠道来讲，平台通过用户输入的关键字给出搜索列表，标题上有用户搜索的关键字就会被推荐。

(3) 引起用户行为。短视频的关键行为数据，如评论量、收藏量、完播率等，在很大程度上受标题的影响。

看两个标题：第一个标题“3 种剥出完整皮皮虾的方法，最后一个只需 5 秒！”和第二个标题“夏天剥皮皮虾扎手？这三种快速剥皮皮虾的方法可以帮到你！”相比之下，第一个标题更容易引导用户点击，引导用户看到最后一秒，提升完播率。

2. 拟标题的三大要点

研究标题本身的内容及平台的运营特点，可以摸索到一些写标题的规律和特点。

（1）明确受众标签。确定视频内容的受众，通过增加人群标签提升代入感，可以提升相关人群的行为数据。人群标签很丰富，可以利用的维度有很多，如职业、学校、年龄、身份、性别、爱好等。例如，身份标签的标题“你的父母做过什么事让你最感动”。

（2）明确用户痛点。一条好的短视频能捕捉用户痛点，解决用户的一个问题。例如，抖音账号“卷毛佟”专教手机摄影技巧，其有一条视频标题叫“在海边看日出，可以拍这样一个小视频”，教大家如何使用手机的慢动作和曝光功能实现一种人走过镜头的画面。

（3）找到情绪的共鸣点。有情绪共鸣点的内容可以让大家感同身受，代替一类人发声。例如，有一条抖音短视频的标题叫“生活本身就是苦难的，愿上苍善待你们”。画面中一个身形消瘦的父亲送女儿上大学的场景让很多人泪目，由此想起自己的父亲。该视频的点赞量超过 188 万个。

3. 拟标题的步骤

（1）确定标题的关键词。高流量的关键词是让一个标题吸引眼球的要点，具体应用有两个方面：增加关键词和普通词升级。

①增加关键词：增加一些自带流量的关键词，如名人、热点话题。例如，正值高校新生入学季，抖音有一条短视频的标题是“开学季采访，你的录取通知书长什么样子？”这条短视频中的关键词“开学季”就属于自带流量的热点话题。

②普通词升级：通过文字的艺术，把普通词升级成为具有更强语言效果的词。例如，“剽悍只猫”之前做过一次课程直播，创购买量新高，标题是“普通人快速崛起的十大狠招”。“普通人”“快速”“崛起”“十大”“狠招”，每个词都直击用户痛点。如果把标题换成“职场人升职加薪的10个方法”，效果则相去甚远。

（2）确定标题的句式。《恶之花》的作者波德莱尔曾说：“我整个一生都在学习如何构建句子”。由此可见，大师的影响力不仅在于思想，也在于构建句子的功力。

①多用短句，句式多样化：短句就像鼓点，控制着文字的节奏。短视频的标题要合理断句，避免使用特别长的句子。除陈述句式外，多尝试疑问、反问、感叹、设问等句式，以引发用户思考，增强代入感。例如，小米手机的标题“一面是科技，一面是艺术”。

②多用两段式和三段式标题：相比一段式标题，两段式和三段式能承载更多的内容，层层递进，表述更为清晰，如“方便面的四种新吃法，你肯定不知道，有一种一吃就爱上！”“三种方法快速教你剥核桃！最后那个10秒最快！”等。

（3）标题字数适中。据“金秒奖”的统计，短视频标题在20个字上下，标题长度与播放量正相关；标题长度在25~30个字，播放效果最好。当然，各渠道标准不同，今日头条10~20个字，美拍需要的字数则要多一些，抖音字数限制在55个字。

（4）优化标题。通过前三点，一个标题的基本框架就出来了，然后创作者需要通过标题的几个要素来进行优化。

①使用修辞：精准的修辞就好像一座桥梁，让你瞬间到达作者想要带你去的地方。例如，英国散文家查尔斯·兰姆有一句特别著名的比喻“童年的朋友，就像童年的衣服，长

大了就穿不上了”，长城葡萄酒的拟人化文案“三毫米的旅程，一颗好葡萄要走十年”。

②使用数字：大脑会筛选掉那些同质化的信息，优先识别不同的东西。在标题中使用数字，能够帮标题增加辨识度，降低大脑的思考难度。例如，两个标题“10 大糗图：双十一老公评级表！你的他第几级？”“比飞机快 5 倍！时速 4 000 千米的‘飞车’靠谱吗？”大家最先注意到哪些内容？

在这两个标题中，大部分人最先看到的一定是数字，这是因为数字的表达方式不同于汉字，大脑会优先将其识别出来。

③标题工具：起标题时用上一些工具，对视频播放量有个初步判读。例如，利用微信小程序“标题大师”，还有头条的热词分析，创作者可以查看该关键词的相关热度指数、关联分析、人群画像和评论分析等。

【议一议】

1. 请分析 10 条不错的短视频标题，找出它们具备的特点。

2. 请根据以上标题的特点，写出 3 条短视频标题。

五、标签设置

标签是自己定义的、用于概括短视频主要内容的关键词。在推荐算法机制中，用户每天都会收到数以万计的标签化推荐信息。

1. 标签的意义

对平台而言，精确的标签就相当于进行用户画像，有助于命中算法逻辑，获取平台推荐，直达用户群体。

对用户而言，标签是用户搜索到我们的一个通道。很多标签会在短视频下方展示，用户可以通过标签直接点击进去。

这也是短视频非常重要的流量入口。

2. 如何打标签

（1）控制标签字数和数量。一般来讲，每个标签的字数为2~4个字，标签数量为3~5个。标签太少不利于平台的推送和分发；太多同样会淹没重点，错过核心粉丝群体。以一则京东某科技产品的短视频为例，该智能产品测评类的标签包含“京东”“智能音箱”“人工智能”“App”“高端科技”5个标签，涵盖了产品的属性、分类、来源及视频的主题。

（2）核心要点精准化。打标签的时候，要挖掘品牌或者短视频内容的核心要点，把最有价值的、最有代表性的特性提炼出来，不断强化标签的认知度，提升价值属性。假设要发布美食类视频，则切中的标签必然要属于美食范畴。例如，为蛋炒饭的视频打标签，“蛋炒饭”比“美食”更准确。又如“美味食谱”“蛋糕”“食疗”“烘焙”“川菜”等均属于精准的标签。

（3）标签范畴合理化。标签的范畴要合理，既不能过于宽泛，又不宜过于细致。过于宽泛容易淹没在众多的竞品中，过于细致会将范围限定在狭窄的群体中，损失了大量的潜在客户。例如，有一则教识别肤色中“春季色”的视频，比较合理的标签是“色彩鉴定”“美容”“肤色鉴定”，如果标签定为“春季色”，就属于过度细分，容易损失搜索的流量。

（4）标签内容相关化。标签的关键词一定与视频内容相关，不能为了流量而强加标签。正确的标签通常这样分配：与视频内容相关的关键词，与行业相关的关键词、品牌词，优先填写有搜索流量的关键词。标签的相关性越高，越有利于被感兴趣的目标人群搜索到。

（5）热点追逐时效化。追踪热点事件是短视频创作者的基本功。各视频平台对热点话题都会有流量倾斜，如“企鹅媒体”平台每到国庆节、开学季、中秋节等特定的节假日或时间点都会推出曝光推荐加倍的短视频征集活动。打标签也是一样，将时间、热点要素加入标签内容中，可以获取更多流量倾斜。

【议一议】

请找出 3 个优秀的短视频，分析它们的标签具有什么特点。

六、简介编撰

短视频账号的简介可以理解为一种文案。常见的简介有以下几种类型。

1. 表明身份

例如，“飞碟说”的简介：知识百科类视频自媒体。

“一萌小和尚”的简介：可能是世界上最萌的小和尚。

Papi 酱的简介：一个集美貌与才华于一身的女子。

2. 表明领域

例如，“秋叶 Excel”的简介：原来 Excel 还可以这样玩。

“摩登兄弟”的简介：用心认真唱歌，承蒙各位厚爱。

“看鉴”的简介：互联网最棒的历史短视频。

3. 表明理念和态度

例如，“一条”的简介：所有未在美中度过的生活，都是被浪费了。

“真相大白话”的简介：稀奇古怪，饶富趣味，身边的“真相帝”，生活的杂学家。

4. 留下联系方式

例如，“七舅脑爷”就写了两个要素：要聊天来围脖（微博的谐音）吧；工作联系方式。

【议一议】

如果要写一个养殖类短视频账号的简介，你会怎么写？

七、封面设置

封面也叫头图，是用户第一眼看到的内容。对于短视频来说，给人的第一印象很多时候是“永远的印象”。好的封面可以让用户快速了解视频内容，增加点击率。封面设置应遵循以下技巧。

1. 内容相关

短视频封面要和视频内容保持一致，有较高的相关性，能让用户了解短视频的内容。例如，做母婴的可以用可爱小宝宝图片作为封面；做健身的可以用健身房的图片作为封面。

2. 有原创性

原创是指由个人或团队独立完成的创作，不属于歪曲、篡改、整理他人创作或者抄袭、剽窃他人创作而产生的作品。各个平台都在大力支持原创。设置短视频封面的时候，创作者可以选取短视频内容的一帧进行修饰，作为封面图使用，也可以专门设计一个封面。创作者不管选择哪一种，都要遵循原创性的原则。

3. 无水印

封面图不能有水印，否则容易导致视频通不过审核，有时候即使通过也不能获得推荐。

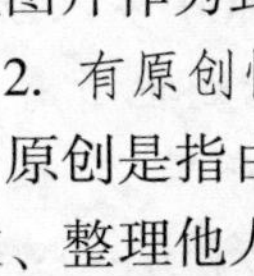

【议一议】

根据封面的 3 个技巧设置你的短视频直播封面。

第六章　巧妙设计：农产品直播卖货要点

【引导案例】

直播带货　助力陕西农产品销售

“家人们，没关注的关注下，现在我们介绍一下杨凌农科的种子……”6月10日，在杨凌电商中心的农特产品展厅里，来自黑龙江、辽宁、河北的4个主播，正在抖音上直播，给自己的粉丝推介陕西特色农产品。

“直播间里都是一家人。”说着，记者也借机在直播间里客串了一下主播，瞬间欢迎之声和礼物就刷了起来，粉丝好不热情。拥有7万粉丝的直播间刚开播就有500多人观看，“都说陕西农产品不错，我们也来助农，我们计划把所有产品介绍一遍，给全国的粉儿推点陕西性价比高的产品。”来自黑龙江的主播孙治说，“凉皮、油泼辣子、农作物种子……两天时间已经卖出了不少，晚上就打包出货。”

外省主播缘何慕名而来？因为陕西农产品通过直播卖爆了！

一、农民加入直播大军

“我们主播团队都出去直播啦，一拨去了渭南大荔直播冬枣，一拨被邀请去了云南直播当地特产……”这抢手的主播团队是杨凌示范区老肖传媒团队，6月10日，负责人肖向峰对专程来到电商中心学习观看直播带货的记者说，“是疫情给我们的业务带来了转折点。”

2019年11月是他们第一次直播，到2020年2月前直播收益一直不太好，带货量也不高，直到2020年农历初十，他们申请第一批复工复产，在家直播卖猕猴桃和苹果，状况好转了。“我们将2019年年底拍好的视频放在抖音上，结果放一个火一个，流量马上上升，几百人几百人进来，2月中旬到3月卖了30万单50万千克左右。”肖向峰说。

肖向峰告诉记者，主播团队都是杨凌本地人，有一半是周边农户，最大的年纪61岁。2019年意识到直播风潮的肖向峰从上海请来了两个非常有经验的老师，打算从零开始培养自己农民兄弟成为直播达人。买手机、开号、养粉丝、挂购物车、拍视频、剪辑、发视频、开直播，经过这一系列专业的培训，主播们已能熟练操作，在自己的园子里、地里开播了。

新型冠状病毒疫情期间，直播带货成为农户的“救命稻草”。后疫情时代，直播是陕西农人每天必做的农活儿。据统计，陕西每4个淘宝主播中，就有1个是农民主播。2020年3月，陕西淘宝农民主播的开播场次同比增长近7倍，增速高居全国榜首。田间、大棚、仓库都成了农村主播的直播间。

2020年6月16日一早，记者联系到一位在今日头条和西瓜视频有14万粉丝的带货主播——28岁的刘丹华。多年来一直从事电商行业的她，2019年11月跟随公司转型发展正式加入了直播大军，短短半年时间，她从一个直播小白变成直播达人。

“因为昨天播的时间比较长，今天的声音是沙哑的。”接连好几天的直播后，一场大雨让她有了一天休息时间，刘丹华说，“西瓜视频上的西瓜大学、教程视频、优质经验等，使每个人都可以自学成为主播。我每天播3到十几个小时，最长一天播了17个小时。5月底水蜜桃丰收时节，我几个小时卖出了四五千单。”谈到收入，刘丹华说，“一个月少则七八千元，多则几万元。”

自学可成的门槛和可观的收入让越来越多的农民加入了直播大军。据了解，2019年3月30日淘宝正式发布了村播计划 2.0，计划 2020 年将联合陕西、山东、河南等 16 个省区市的商务和农业部门，共同孵化 20 万新农人，通过直播带货农产品销售额将达到 150 亿元。

二、为当地好货代言

2019 年通过淘宝平台陕西苹果销售额超过 4 亿元，猕猴桃销售额破 2 亿元，大荔胡萝卜、泾阳西红柿、米脂杂粮等陕西农货增长迅速，从“土货”变“网红”。2019 年全年，淘宝销售陕西农产品达到 170 万吨，直播成为陕西农货畅销全国的重要途径。

4 月 29 日，陕西省商务厅和阿里巴巴签署“春雷计划”战略合作协议，合作建设数字时代农业新基建，提升农产品产销全链条数字化水平，以数字化助农兴农打赢脱贫攻坚战。

双方不仅将合力打通陕西农产品的电商上行通路，还将促成农产品标准化升级、提高物流配送效能、深入原产地直采、培养拥有直播带货能力的新农人，实现“从田野到餐桌”的全链条数字化升级。双方具体合作将覆盖六大方面，包括打造全国直播电商强省、加强农产品电商运营能力建设、赋能农村电商产业发展、畅通农村电商物流渠道、构建国际营销渠道、推动数字乡村试点建设。

“陕西是我们全中国的电商助农，包括淘宝直播助农的一个标杆。希望 2020 年跟陕西不管是在兴农、助农还是农产品的上行都有所推进，让他们用电商的方式去进行增收和增加就业。”4 月 29 日，淘宝直播村播负责人淇蓝在陕货直播节上说。

同时，全省各地纷纷启动了官方带货直播活动，为家乡好货代言：4 月 16 日，汉中西乡县政府与汉中云商工场有限公司签订了《西乡县“直播带货”项目框架协议》；4 月 23 日，“商洛山地农产直播联盟”成立暨“商洛山地农产网络直播月”促消费活动启动仪式在山阳县举行，数十家电商企业代表与商洛 7 县区签订了扶贫产品购销协议；5 月 8 日，由陕西省供销合作总社、宝鸡市人民政府支持，宝鸡市供销社主办，宝鸡供销电子商务有限公司、宝鸡“吃货”网、华商地市融媒体宝鸡运营中心承办的“消费扶贫直播助农”活动开播仪式在宝鸡供销农产品展销中心成功启动……

三、助力农产品销售

杨凌智慧供应链中心的大厅里，接力式灯光流利拣选设备、上架机器人、复核打包设备、快递高速分拣系统等设备有序安放，为数不多的工作人员在各自岗位上工作，眼前的一切刷新了记者对直播背后电商工作的认识。

“2020 年 10 月，这个 3 万平方米、上下两层的冷链库就建成了！下半年产的苹果、猕猴桃、车厘子就可以大量储存，解决了农产品没地方放只能从产地走货的问题。”工作人员付瑞平指着对面一片施工场地对记者说。

“任何人想开网店，但是不知如何下手，可以交给我们。”付瑞平说。零门槛直播带货的背后，从农产品到商品再到网品，要经历采收、挑选、加工、包装、物流、售后等数个环节，才算成功完成一次直播带货。这其中的所有环节都可以在杨凌智慧供应链中心实现。

来到大厅角落里，4 个输送货物的传送带到达了终点，已经包装好的货品经过快递高速分拣系统扫描确认快递公司和重量后，到达对应的快递公司收货处，整个过程一气呵成。付瑞平介绍，“现代智慧物流让商家全天候、全渠道、全供应链完成对顾客、商品、订单、库存、仓库的管理，向电商卖家提供一站式仓储与配送服务。”

据介绍，杨凌智慧供应链中心面向全省、全国地区的农特产品，以产销合作为基础，加快实现电子商务和优质特色农产品生产基地的有效对接，日包装发货能力超 30 万件。中心提供农科农技、营销推广、供应链金融、智能仓配一体化等全产业链服务，为广大创业者、中小微电商企业、三农达人们提供高品质、可靠的供应链服务。

（资料来源：陕西日报，2020-07-22）

【想一想】

农产品直播卖货要注意哪些事项？怎么做？

直播电商市场处于暴发期，市场总规模大，未来增长可观：根据测算，2019 年中国直播电商行业总规模约 4 200 亿元，较上年增长 200%，2020 年达到了 8 570 亿元，年复合增长率高达 314%。以淘宝直播为例，该平台带货能力在 2019 年全面暴发，成交总额 2 000 亿元，且连续三年直播引导成交量增速 100%以上，是近三年全球增长最快的电商形式。淘宝直播用户累计超过 4 亿，共有 117 位主播年度交易额破亿，超过 4 000 万件商品涌入直播间，超过 50%品牌商家通过电商直播获得了新增长。那么直播营销有哪些方式呢？

第一节 “五步法”设计直播营销

一场直播活动，看起来只是几个人对着镜头说说话而已，但背后都有着明确的营销设计——要么通过直播营销提升企业品牌形象，要么利用直播营销促进产品销量。

将企业营销的目的巧妙地设置在直播各个环节，这就是直播营销的整体设计。直播营销的整体设计主要包括五大环节，新媒体团队需要对每个环节进行策划，一个环节一个步骤，用“五步法”设计直播营销，确保其完整性和有效性。

一、整体思路

直播营销的第一大环节是整体思路。在做营销方案之前，直播营销团队必须先把整体思路理清，然后进行有目的、有针对性地策划与执行。刚接触直播营销的新手容易进入一个误区，认为“直播营销只不过是一场小活动而已，做好方案然后认真执行就够了”。实际上，如果没有整体思路的指导，直播营销很有可能只是好看、好玩而已，并没有达到企业的营销目的。

直播营销的整体思路设计，需要包括三部分，即目的分析、方式选择和策略组合。

1. 目的分析

对企业而言，直播只是一种营销手段，因此企业直播营销不能只是简单的线上才艺表演或互联网游戏分享，而是需要综合产品特色、目标用户、营销目标，提炼出直播营销的目的。

2. 方式选择

在确定直播目的后，直播营销团队需要在颜值营销、明星营销、稀有营销、利他营销等方式中，选择一种或多种营销方式进行组合。

3. 策略组合

方式选择完成后，企业需要对场景、产品、创意等模块进行组合，设计出最优的直播策略。

二、策划筹备

直播营销的第二大环节是策划筹备。好的直播营销需要“兵马未动，粮草先行”。首先，将直播营销方案撰写完善；其次，在直播开始前将直播过程中用到的软硬件测试好，并尽可能降低失误率，防止因为筹备疏忽而引起不良的直播效果。

为了确保直播当天的人气，新媒体运营团队还需要提前进行预热宣传鼓励粉丝提前进入直播间，静候直播开场。

三、直播执行

直播营销的第三大环节是直播执行。前期筹备是为了现场执行更流畅，因为从观众的角度，只能看到直播现场，无法感知前期的筹备。

为了达到已经设定好的直播营销目的，主持人及现场工作人员需要尽可能按照直播营销方案，将直播开场、直播互动、直播收尾等环节顺畅地推进，并确保直播的顺利完成。

四、后期传播

直播营销的第四大环节是后期传播。直播结束并不意味着营销结束，新媒体运营团队需要将直播涉及的图片、文字、视频等，继续通过互联网传播，让其抵达未观看现场直播的粉丝，让直播效果最大化。

五、效果总结

直播营销的第五大环节是效果总结。直播后期传播完成后，新媒体团队需要进行复盘，一方面进行直播数据统计并与直播前的营销目的做比较，判断直播效果；另一方面组织团队讨论，提炼出本场直播的经验与教训，做好团队经验备份。

每一次直播营销结束后的总结与复盘，都可以作为新媒体团队的整体经验，为下一次直播营销提供优化依据或策划参考。

需要强调的是，直播营销的第四大环节“后期传播”与第五大环节“效果总结”虽然都是在现场直播结束后进行的，但是作为直播的组织者，必须在直播开始前就做好两方面的准备。

第一，提前设计数据收集路径。如淘宝店流量来源设置、网站分销链接生成、微信公众号后台问卷设置等。

第二，提前安排统计人员。不少直播网站后台的数据分析功能不够细化，因此一部分数据（如不同时间段的人气情况、不同环节下的互动情况等）需要人工统计，便于后续分析。

【议一议】

结合案例分析：如果你最喜欢的明星在直播中试用并推荐某产品，你会去购买吗？为什么？

第二节　直播营销的七大方式

一、直播营销的基本方式

为了吸引网友观看直播，企业新媒体团队需要设计最吸引观众的直播吸引点，并结合前期宣传覆盖更多网友。根据"直播吸引点"划分，直播营销的常见方式共 7 种，包括颜值营销、明星营销、稀有营销、利他营销、才艺营销、对比营销和采访营销。企业在设计直播方案前，需要根据营销目的，选择最佳的一种或几种营销方式。

1. 颜值营销

直播经济中，"颜值就是生产力"的说法已经得到多次验证。颜值营销的主持人多是帅气靓丽的男主播或女主播，高颜值的容貌吸引着大量粉丝的围观与打赏，而大量粉丝围观带来的流量正是能够为品牌方带来曝光量的重要指标。

2. 明星营销

明星经常会占据娱乐新闻头版，明星的一举一动都会受到粉丝的关注，因此当明星出现在直播中与粉丝互动时，会出现极热闹的直播场面。明星营销适用于预算较为充足的项目，在明星筛选方面，尽量在预算范围内寻找最贴合产品及消费者属性的明星进行合作。

3. 稀有营销

稀有营销适用于拥有独家信息渠道的企业，其包括独家冠名、知识版权、专利授权、唯一渠道方等。稀有产品往往备受消费者追捧，而在直播中稀有营销不仅仅体现在直播镜头为观众带来的独特视角，更有助于利用稀有内容直接拉升直播室人气，对于企业而言也是最佳的曝光机会。

4. 利他营销

直播中常见的利他行为主要是知识的分享和传播，旨在帮助用户提升生活技能或动手能力。与此同时，企业可以借助主持人或嘉宾的分享，传授关于产品使用技巧、分享生活知识等。利他营销主要适用于美妆护肤类及时装搭配类产品，如淘宝主播“潮女可可”经常使用某品牌的化妆品向观众展示化妆技巧，在让观众学习美妆知识的同时，增加产品曝光度。

5. 才艺营销

直播是才艺主播的展示舞台，无论主播是否有名气，只要才艺过硬，都可以带来大量的粉丝围观，如古筝、钢琴、脱口秀等通过直播可以获取大量该才艺领域的忠实粉丝。才艺营销适用于围绕才艺所使用的工具类产品，如古筝才艺表演需要使用古筝，制作古筝的企业则可以与有古筝使用技能的直播达人合作，如花椒主播“琵琶小仙小蜜”经常使用某品牌琵琶进行表演。

6. 对比营销

有对比就会有优劣之分，而消费者在进行购买时往往会偏向于购买更具优势的产品。当消费者无法识别产品的优势时，企业可以通过与竞品或自身上一代产品的对比，直观展示差异化，以增强产品说服力。

7. 采访营销

采访营销指主持人采访名人嘉宾、路人、专家等，以互动的形式，通过他人的立场阐述对产品的看法。采访名人嘉宾，有助于增加观众对产品的好感；而采访路人，有利于拉近他人与观众之间的距离，增强信赖感。

二、直播营销的方式选择

企业新媒体团队在选择直播营销方式时，需要从用户角度挑选或组合出最佳的直播营销方式。从互联网消费者心理上看，从初次接触某企业或某产品直到产生购买行为，通常会经历听说、了解、判断和下单 4 个过程。

首先，互联网消费者会在朋友圈、百度搜索等渠道头一次听说某款产品；接着会在其官网、官方自媒体平台进行充分了解；接下来会去问答平台、店铺评价区域进行分析判断，了解其他网友对于此产品的评价；最后才是下单与付款。

对应互联网消费者的以上四步，企业需要进行“埋雷”工作，该工作环环相扣。

在消费者可能会听说的渠道进行新品推介；在消费者了解产品的平台重点描述产品；在消费者进行判断的平台优化口碑与评价；在消费者下单的平台设计台词及促销政策、促进订单达成。因此，相对应的企业直播营销的重点工作即推新品、讲产品、提口碑、促销售。

对应以上 7 种不同的直播营销方式，直播活动中的重点各有不同。

颜值营销可以把推新品与讲产品作为直播重点，用颜值高的帅哥或美女进行新品展示或产品的详细讲解。

明星营销除讲产品外，其他三个重点都可以尝试。由于明星通常会引发粉丝追星热，“促销售”可以作为重中之重来设计。与颜值营销不同，明星一般不会有太多时间了解产品性能并对产品侃侃而谈，因此“讲产品”可以不作为明星营销的重点。

稀有营销常以发布会直播形式出现，现场可以展示新品、讲解现有产品，尤其是提升口碑。现场邀请粉丝谈感受、讲心得，是在侧面对产品质量与品牌进行背书。

利他营销与才艺营销的营销重点在“推新品”与“促销售”，通过现场展示或道具引申，向直播间观众展示新产品，达成直播销售。

对比营销的重点在于“讲产品”，通过对比，突出产品差异化优势，从而让消费者对购买及使用更有信心。

采访营销通常以室外采访居多，对产品本身的展示与讲解较少，更多是通过被采访者之口说出产品的使用心得及感受，从而达到“提口碑”的作用。

需要特别注意的是，以上 7 种直播营销方式并不是相互独立的。将直播营销方式进行组合，可以强化营销重点，达到“1+1>2”的效果。

【议一议】

不少消费者已经将“判断”作为下单前最重要的一环，其他网民的评价将直接影响自己的消费行为。在进行以下消费行为前，你会通过哪些互联网渠道进行判断？填写在横线上。

（示例）去饭店吃饭前：大众点评、百度知道、相关微博。

淘宝店购买化妆品前：________________________。

看电影前：________________________。

购买畅销书前：________________________。

参加某在线课程前：________________________。

第三节　直播营销的策略组合

在梳理清楚直播目的并选择合适的直播方式后，企业新媒体团队需要设计直播营销的策略组合。直播营销的策略组合具有承上启下的作用，一方面可以更好地将上述直播营销目的落地，另一方面便于下一步直播方案的制作。

人物、场景、产品和创意四部分的综合效果会影响直播的整体效果，因此在设计直播营销的策略组合时，要注意这四部分的有机结合。

借助“人物”“场景”“产品”可以组成万能的策略模板，即什么样的人（消费者）在什么场所（销售渠道）购买了该产品（直播中展示的产品），并在什么场所（使用场景）使用后获得了什么样的效果（产品功能及效果），而这个人物（消费者）正在通过直播的形式把以上环节展示给屏幕前的观众看，让更多的人知道或购买（实现直播目的）。

这个万能的策略模板在套用中并非必须保留每一个环节，可以根据实际情况进行动态组合，但每一个环节都会对最终效果产生影响。

例如，发布会直播：某人（发言人/明星/首批产品体验者）正在发布会现场（场所）通过直播的形式，向大家展示使用该产品后在什么方面有着什么样的效果或便利（使用场景及使用效果）。

理财知识分享直播：某人（理财专家）正在家里/办公室里（场所）通过直播的形式，向大家讲解理财的基本知识（产品）及理财建议（产品），关于理财产品方面，投资多少额度在多长时间内获得多少收益（产品功能及效果）。

万能的直播策略组合优势在于能够迅速在脑海中搭建一个直播模型，而除“人物”“场景”“产品”外，“创意”对直播效果的影响更为关键。

趣味性内容的策划同样有章可循，利用、放大产品的亮点或功效，通过直接展示或间接对比的方式，可以达到增加直播活动趣味性、可看性的目的。例如，一款高端手机，采用了双向摄像头设计，且明确了推广产品为这款手机的双摄像头设计能拍出更漂亮的照片，可以策划户外运动直播秀，以突出在各场景下的摄影拍照都能够胜任。

一款护肤品爆水霜，其成分特点是含水量特别高，能够保持皮肤水嫩，可以策划使用检验皮肤水分的仪器，通过数字直观地表现涂抹爆水霜前后的数值对比，同时又策划了一瓶爆水霜涂在皮肤上，能够产生几克重量的水，来凸显这款产品含水量之高。

一款手机，其特点是大屏幕，可以策划使用手机打乒乓球的环节等。

【议一议】

本期培训班打算进行一场直播，向你附近的二线城市销售你们的农产品，请参照本节知识点，设计直播营销的策略组合。

第四节　直播平台的基本设置

企业直播活动，在平台端可以有两种实现形式：第一是自建直播间，通过企业官方自建账号进行直播；第二是入驻直播间，企业本身不注册直播账号，而是在主播所建的直播间进行直播。

通过官方自建账号进行直播的优点在于每一次直播都有粉丝互动与关注，持续运营可以不断积累粉丝；其劣势是前期没有粉丝沉淀，较难形成粉丝聚集效应，要在第一次直播就达到高曝光量或高销售量只能通过其他平台或资源位置的引流。

入驻直播间的优点是在直播开始就能带来较高的粉丝覆盖，借助主播原先的粉丝积累就可以第一时间获得较高的直播人气，但不利于品牌方做长期粉丝沉淀。

在自建直播间与入驻直播间中选择时，企业可以根据对直播营销的战略规划进行选取。如果企业打算将直播纳入其新媒体战略，定期开展直播营销，那么最好自建直播间，不断积累粉丝；如果企业只计划进行一两次直播，则没必要自建，入驻现成的直播间即可。

未经设置的直播间，网友在进入后无法直观地了解直播内容，很容易造成粉丝流失的情况。为了提升观众的留存率、减少现场跳出率，在选择直播间类别后，企业新媒体团队需要对直播间封面、直播第一幕画面进行设置，以满足直播需求。

一、直播封面信息设计

直播封面是观众进入直播前了解直播内容的窗口，尤其是直播活动与直播平台方有推广合作时，直播开始前直播封面就出现在直播平台显眼位置，为直播活动做预告，拉升直播活动关注度。

直播封面中信息包括直播主题、直播时间、直播产品名、主播等，具体可以根据直播平台规则及活动需求进行设置，以达到能够让观众准确地抓住直播核心信息的目的。

二、直播第一幕画面

保持直播封面与直播第一幕画面的相关性，防止观众看到封面进入直播后发现内容与封面无关而产生心理落差，直播第一幕画面尤为重要，不专业的直播在前几分钟总是显示与内容无关或不和谐的杂乱场面，对于观看回放的观众而言，缺少有吸引力的直播镜头，往往会直接离开直播间。

作为品牌方进行直播，切忌出现此类问题。

保持直播封面与直播第一幕画面的相关性，其中包含主播妆容与穿衣风格保持一致，封面图色调与直播场地装修保持一致。

【想一想】

直播平台设置需要注意哪些方面？怎么做才能提升观众的留存率，减少现场跳出率？

第五节　直播活动的开场技巧

无论你准备了多少直播内容，如果没有一个好的开场，那所有的工作都可能事倍功半，甚至劳而无功，因此，直播的开场是至关重要的。开场是直播留给观众的第一印象，观众进入直播间后会在 1 分钟之内决定是否要离开。

直播间观众会根据开场进行判断：这场直播会不会有趣，这个主持人是不是很幽默，要不要参加这次直播。

平淡无奇甚至让人厌恶的开场，通常会让网友马上关闭页面，因此一定要做好开场设计。直播活动的开场设计需要从 5 个层面出发。

一、引发观众兴趣

直播开场时的观众来源分为两部分。

第一是前期宣传，通过直播开始前微博、微信等自媒体平台宣传，粉丝点击链接来到直播间，作为第一批观众。

第二是平台流量，在该直播平台随意浏览的网友，看到有趣的直播会点击进入。

主播需要利用语言、道具等，充分调动观众的积极性。

二、促进观众推荐

前期宣传及平台流量带来的观众是有限的，甚至一部分观众会因为临时有事、网络故障等情况而退出，因此在开场时，主播需要主动引导观众邀请自己的朋友加入直播间，促进直播间的持续火爆。

三、带入直播场景

观看一场直播，观众所处环境各不相同，有的正在办公室加班，有的在宿舍上网，也有的在赶往飞机场的路上。主播需要利用开场，第一时间将不同环境下的观众带入直播所需的场景。

为了使观众迅速进入直播场景，主播需要在开场时提到场景相关关键词，如美食直播的主持人在开场时常用的关键词包括“好吃”“解馋”“色香味俱全”“流口水”“饥肠辘辘”等。

四、渗透营销目的

直播营销属于营销活动的一种形式，但本质上都需要达成相应的营销目的。在开场时，主播可以在三部分进行渗透。

第一，将企业广告语、产品名称、销售口号等穿插植入台词中。

第二，充分利用现场的道具（产品、旗帜、玩具、吉祥物等）对企业品牌进行展示。

第三，提前声明利他的营销信息（特价产品、独家链接等），促成销售。

五、平台资源支持

各大直播平台通常会配备运营人员，对资源位置进行监控与设置。资源位置包括首页、轮播图、看点推荐、新人主播等。

除事先购买广告位置的资源位置外，一部分资源位置会安排给当日直播表现好、口碑佳的直播间。因此，利用开场迅速积累人气并引导互动，会带来可能的资源位置，从而更快聚集直播间粉丝。

【资料赏析】

19个直播开场话术

一、自我介绍

• 大家好，我是一名新主播，今天第×天直播，谢谢大家支持（简洁型）。

• 大家好，我是一名新主播，还有很多不懂的地方，如果有什么地方做得不够的希望你们多多见谅，如果有喜欢听的歌可以打在公屏上，会唱的话我就给你唱，不会我就去学，感谢大家的支持。

• 千山万水总是情，我是××你爱不爱！朋友，××了解一下！帮忙点个关注，感谢有你（语气轻快）。

• 我是××，青春靓丽，吹拉弹唱样样强，还有一身正能量！感谢大家前来捧场（配合动作）！

二、常用欢迎礼貌用语

• 欢迎来到××直播间，点个关注不迷路，把持不住开守护，事不宜迟赶紧行动（求关注）！

• 欢迎××来到宝宝的直播间，喜欢主播的点个关注哦（简洁型）！

• 欢迎××来到我的直播间，他们都是因为我的歌声/舞姿/幽默感留下来的，你也是吗（传达直播内容）？

● 欢迎××进入直播间，咦~这名字有意思/很好听，是有什么故事吗（解读观众名字）？

● 欢迎××进来捧场，看名字应该是老乡/喜欢旅游/玩××游戏的，是吗（找共同点）？

● 欢迎××的到来，我直播间第一次见到这么厉害的账号，前排留影合念啊（抬高对方身份）！

● 欢迎××回来，每次上播都能看到你的身影，特别感动，真的（感动对方）。

● 不管你的病有多重，只要点关注，包管你腰不酸了，腿也不疼了，想不康复也是不行了（搞笑型）！

● 有钱的捧个钱场，没钱的捧个人场，空闲的捧个留场，喜欢的捧个情场，最重要的，给你们一个笑场（搞笑）！

● 欢迎来到××直播间，主播带你“装逼”带你飞，喜欢主播的点关注噢。

● 大家晚上好~那个搞笑/沙雕主播又回来啦~喜欢我的朋友们请动动你们的小手，点击我的头像点点关注，这样就可以随时随地来看我的直播啦！主播每天在这里等你哦~

● 十年修得同船渡，大家一起点关注。百年修得共枕眠，刷刷鲜花不要钱（适用于××）。

● 三分喜欢点关注，七分喜欢刷礼物，情到深处开守护。鲜花刷一刷，能活八十八；礼物走一走，能活九十九！××不倒，陪你到老。来来来，咱们聊起来。谢谢大家的支持！

● 玩归玩，闹归闹，别拿点关注开玩笑。点关注，不迷路，主播带你回家住。来来来，聊起来，谢谢大家的支持！

● 欢迎各位帅哥美女们来到我的直播间，进来直播间的是美女，还是帅哥呢？刷刷弹幕让我看到你哦~

● 欢迎××来到我的直播间，相遇即是缘分，这里是××同学，快来和我聊聊！

第六节　直播互动的五种形式

一、直播互动四象限

与传统的电视直播相比，互联网直播更具参与感。观众可以发弹幕与主持人互动，参与评论或质疑；同时，主持人也可以根据弹幕内容与网友互动。毫无互动性的直播，会导致观众流失，直播效果自然受影响。

直播活动中的互动，由发起和奖励两个要素组成。其中，发起方决定了互动的参与形式，奖励则直接影响互动的效果。

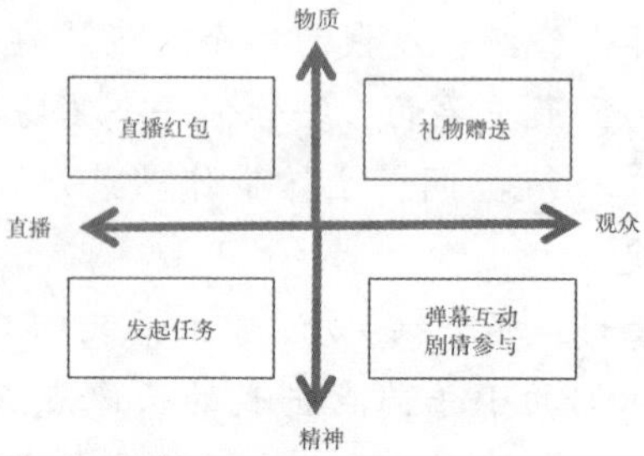

图 6-1　直播互动四象限

图 6-1 所示的横轴为发起轴，纵轴为奖励轴。由发起轴与奖励轴分隔出的四个象限，包含了直播互动的四大类形式。

第一象限（右上角区域）代表观众发起互动，以物质作为奖励。即观众通过直播平台的礼物系统，送给主播礼物，礼物种类根据平台而定，包括“火箭”“跑车”“玫瑰”等。

第二象限（左上角区域）代表主播发起互动，以物质作为奖励。主要以直播红包的形式，现场赠送红包或抽奖后快递寄送等价礼物。

第三象限（左下角区域）代表主播发起互动，以精神作为奖励。主播可以在直播中邀请观众一起完成某项任务，完成后统一授予称号、截图感谢，或口头念出观众名字予以感谢。

第四象限（右下角区域）代表观众发起互动，以精神作为奖励。在直播中通过弹幕参与讨论，通过共同制定剧情参与直播下一步发展，都代表观众对于主播或主办方的支持，良性的参与及互动对直播活动大有裨益。

二、直播互动的具体形式

常见的直播互动包括弹幕互动、剧情参与、直播红包、发起任务、礼物赠送。

1. 弹幕互动

弹幕，即大量以字幕弹出形式显示的评论，这些评论在屏幕上飘过，所有参与直播的观众都可以看到。

传统的弹幕主要出现在游戏直播、户外直播等纯互联网直播中，目前已经有直播平台尝试参与电视直播，与体育比赛、文艺演出等合作，进行互联网直播及弹幕互动。

目前直播弹幕主要包括两类：第一类是网友相互之间的评论，如“支持刚才这个朋友说的”“给刚才这条弹幕点赞”“说得对，我们北京人喜欢吃这个”等，主播对这类弹幕无须处理；第二类是网友与主播之间的互动，如“能介绍一下台上都坐着什么人吗”“一会儿该抽奖了吧，主播”等，这类弹幕需要主播与其及时互动，幽默地回应网友提出的质疑，或详细地帮助网友解答相关问题。

2. 参与剧情

这类互动多见于户外直播。主播可以邀请网友一起参与策划直播下一步的进展方式，增强观众的参与感。

2016 年里约夏季奥运会期间，咪咕直播同凤凰网联合推出了《走着！看里约》的直播。咪咕奥运主播在巴西里约街头展开一系列互动直播街访，并应网友要求，采访了不同国家不同肤色的奥运观赛人群，带着直播间观众过了一把“奥运瘾”。

3. 直播红包

直播间观众可以为主播或主办方赠送“跑车”“游艇”“玫瑰”等虚拟礼物，表示对其认可与喜爱；但此类赠送只是单向互动，其余观众无法参与。

为了聚集人气，主播可以利用第三方平台进行红包发放或等价礼品发放，与更多的观众进行互动。

直播红包的发放分为以下几步。

第一步：约定时间

主播可以告诉观众“5 分钟后我们会发红包”“晚上 8 点咱们准时发出红包”，一方面通知在场观众抢红包时间；另一方面暗示观众邀请朋友加入直播等待红包，促进直播人气。

第二步：平台说明

除在直播平台本身发红包外，主播可以选择支付宝、微信、微博等平台作为抢红包平台，提前告知观众。这一步的目的是为站外平台引流，便于直播结束后的效果发酵。

第三步：红包发放

到约定的时间后，主播或其他工作人员在相应平台发红包。在红包发放前，主播可以进行倒计时，让“抢”红包更有氛围。

除发放红包外，主播可以用礼物的形式回馈观众，同样可以达到良好的互动效果。

2016 年 5 月 21 日，酒仙网 CEO 郝鸿峰做客《大佬微直播》，以“我眼中的电商生态圈”为主题进行分享。分享过程中郝鸿峰号召观众把直播分享到“朋友圈”，同时许诺“现场赠送价值十几万元的 350 瓶好酒”，结果由于极强的互动性，当晚直播时间 1 小时 45 分钟，突破 50 万人在线观看。

4. 发起任务

直播中发起任务，类似“快闪”活动，即在一个指定的版块，在相同的时间，同时做一系列指定的行为，然后迅速离开。在现实生活中，个人的力量是有限的，但一群人一起做一件事，可以迅速形成规模，在引起他人注意的同时满足自我的成就感。

在直播中可以发起的任务包括以下几种。

（1）建群快闪，邀请观众共同进入一个 QQ 群，在群内喊出自己不敢说的话，直播结束后此群解散。

（2）占领留言区，邀请观众共同在某论坛的帖子下方或微信公众号评论区留言。

（3）晒出同步动作，号召粉丝一起做出相同的动作，随后大家分别晒在社交网站等。

5. 礼物打赏

在直播过程中，出于对主播的喜爱，观众会进行礼物赠送或打赏。

无论斗鱼直播、熊猫直播还是花椒直播、映客直播等平台，“感谢打赏”已经成为默认的规矩。只顾着自己说话或与观众聊天，对打赏无动于衷的主播，会被观众打上“没礼貌”“不懂规矩”的标签。

在以营销为目的的直播中，主播形象与企业形象挂钩，较差的主播形象会直接影响企业形象。因此，有观众送上“跑车”“游艇”“火箭”等礼物时，主播需要在第一时间读出对方昵称，予以感谢。

【议一议】

本班学生打算尝试一场“没有现场观众的晚会”，只有舞台和表演人员，通过互联网进行直播，并邀请全校师生观看。作为这场直播晚会的策划负责人，请你列出直播中可用的互动方法，并说明具体操作步骤。

【资料赏析】

成为超级大主播必备的直播间话术技巧!

大家都知道一场成功的直播离不开一个优秀的主播，那么一个优秀的主播需要具备些什么呢?很多人都觉得主播的工作很容易，觉得只要长得漂亮就可以了，但事实并不像大多数人想得那么简单，每行都有每行的难处。想要成为一个合格的主播，除了有一个良好的外形外，还需要具有“信赖感”。

那么，怎样的表达才能让粉丝产生信赖感呢?直播间的销售话术有哪些?应该怎么找话题?

一、开场话术

首先是刚开播时的开场话术，大家可以从这几个方面进行展开。

1. 真诚的赞美粉丝

2. 明星效益

提及有影响的第三人，如提今天哪个明星上热搜了。

3. 利用好奇心，勾引兴趣

4. 差异化，强调与众不同

5. 利用产品，好的产品会说话

二、话术的三大指标

1. 变化

声调要变化，有力度，内容要变化，多举例子多重复，因为观众在不断进入。

2. 呼吸

说服对方要给对方接受的余地，留给观众思考的时间，要像对一个人说话一样，中间有呼吸观察对方反应。

3. 感情投入

有感情的话术，才能给观众信赖感。

三、话术的组织思路和锻炼思路

1. 组织思路

(1) 以产品为中心的思考方法。

(2) 以营销为中心的思考方法。

(3) 以顾客需求为中心的思考方法。

2. 锻炼思路

(1) 说肯定的话。

(2) 说真话，对顾客要坦白。

(3) 只说三点，说多了就忘了。

(4) 重复，但要在重复中变通。

四、理性话术和感性话术

1. 理性话术

偏重功能的介绍阐述，多说数据、多做分析、多看干货。

2. 感性话术

偏重情感交流，生活感知，多讲故事、多举案例、多打“良心讲”。根据不同的产品类别选择适合的话术风格。

五、好话术的节奏

1. 快速、简单、爆量的商品

话术节奏需要头脑清晰，语言明快，基本要点阐述顺畅，情绪饱满热情。

2. 高单价、难度高的商品

逻辑强，深挖掘，表达起承转合；要有画面感，知识底蕴足。

3. 认识误区

速度快不等于节奏快，节奏快不代表语速快。

六、如何找话题

如果在进行直播的过程中词穷，也就是突然不知道说什么了，那么气氛就很会尴尬，所以各位主播们，一定要学会去找话题。如果不知道找什么话题，平时有空可以多看看新闻，关心关心时事，与时俱进；多看看书，可以是幽默的，也可以是有文学气息的。要知道一个文化人永远比一个花瓶持久，这就好比，一个男生面前有两个女生，一个外表长得好看，但是没有文化，整天不知道什么应该说什么不应该说，有时让人觉得很丢脸，另一个外表普通，但说话谈吐给你一种很舒服的感觉，让人欲罢不能，还各门手艺知识样样齐全，带出去绝对不丢人。就算刚开始这个男生选择第一个，到最后他也只能每天叹息后悔。

七、写在文末

颜值只是你的附加分，长得好看不是关键，但是亲和力强的主播可以在第一时间获得粉丝的注意力。

另辟蹊径的路总是对的，走所有人都走的路是一定不会成功的，所以想要成功就要自己去研磨，在看新闻的同时可以看到如今的时代兴起的是什么，学会与时俱进。

第七节　直播收尾的核心思路

娱乐直播和内容直播通常不会有太多的营销目的，展示主播的游戏才华、日常生活、搞笑语言等即可，对直播结束的设计无特定要求；而企业直播则需要以结果为导向，通过直播达成营销目的，实现品牌宣传或销售转化。

直播现场的营销效果取决于开场的吸引程度及进行中的互动程度，直播结束后的营销效果则取决于收尾的引导程度。

直播结束后，需要解决的最核心问题即流量问题，无论现场观众是过十万人还是过百万人，一旦直播结束，观众马上散去，流量随之清空。为了利用直播现场的流量，在直播结束时的核心思路就是将直播间的流量引向销售平台、自媒体平台和粉丝平台 3 个方向。

一、销售转化

流量引导至销售平台，从收尾表现上看，即引导进入官方网址或网店，促进购买与转化。

通常留在直播间直到结束的观众，对直播都比较感兴趣。对于这部分网友，主播可以充当售前顾问的角色，在结尾时引导观众购买产品。

如某电商平台直播，收尾可以是："感谢大家来到我们的直播间！一会儿直播结束后，大家可以找到我们的在线客服，告诉她一段暗语，她会引导你以 9 折的价格买到我们已经下架的爆款 U 盘——就是大家开场弹幕问过我的那一款，现在已经卖到脱销，只剩下库存的一小部分了，可以作为今天直播间的小福利。这段暗语是××，大家千万别打错字了啊！拜拜了各位！"

不过需要注意的是，销售转化要有利他性，能够帮观众省钱或帮观众抢到供不应求的产品；否则，在直播结尾植入太过生硬的广告，只会引来观众的弹幕。

二、引导关注

流量引导至自媒体平台，从收尾表现上看，即引导关注自媒体账号。

在直播结束时，主播可将企业的自媒体账号及关注方式告诉观众，以便直播后继续向本次观众传达企业信息。

如某商场开业直播，收尾可以是："今天的直播就到这里。欢迎大家关注我们的微信公众号××，以后最新的打折和新品信息都会通过这个公众号发出来。关注之后回复惊喜两个字，你会获得一张 50 元代金券，来商场购买衣服的时候可以直接减免 50 元钱了。记得告诉你的亲戚朋友，一起省钱啦！再次感谢大家！"

三、邀请报名

流量引导至粉丝平台，从收尾表现上看，即告知粉丝平台加入方式，邀请报名。在同一场直播中积极互动的网友，通常比其他网友更同频，更容易与主播或主办单位“玩”起来，也更容易参加后续的直播。这类观众，可以在直播收尾时邀请入群，结束后通过运营该群，逐渐将直播观众转化成忠实粉丝。

如某鸭脖厂商直播，收尾可以是：“这次直播就到这里，如果大家喜欢啃鸭脖，也喜欢和我们的小团队一起玩接下来的直播，可以添加我们的微信群小助手，她会拉你入群，她的微信号是××。与今晚一样，我们会在每周五晚 8 点在群里发红包，同时也会邀请群里的小伙伴试吃新品，每年还会邀请群里的小伙伴来我们工厂参观。”

【议一议】

某全国连锁健身俱乐部将在下月初入驻上海。作为前期宣传的一部分，开业前将进行“百人百问”的健身直播，由教练团现场回答网友的健身问题。假如本次直播由你负责，请按照本节讲到的 3 种收尾方法，设计不同的直播收尾。

第八节　直播重点与注意事项

与互联网录播节目或网络视频不同，网络直播完全即时地呈现在观众面前，任何不当的动作或不合时宜的语言，都会被观众直接看到，严重者会引起弹幕刷屏。虽然已经在直播前进行了硬件调试、软件测试，团队也策划好了直播整体流程与各环节话术，但并不是有了筹备就万事大吉。直播活动不是一次生硬的演讲，如果照着直播策划书“念稿子”会引发网友退出直播间，直接影响直播效果。一场好的直播活动，需要做好两方面的平衡：一方面是前期策划，主播需要按照策划好的流程与台词去完成直播；另一方面是观众互动，主播需要友好地引导网友参与直播环节。在直播进行中，有三方面需要特别注意。

一、反复强调营销重点

一场晚会或一次球赛，现场观众在开始前就已落座，重点部分在开场点明即可。但网络直播随时会有新人进入，主播需要在直播进行中，反复强调营销重点。

二、减少自娱自乐，增加互动

直播不是单向沟通，观众会把自己的感受通过弹器发出来，且希望主播予以回应。一个只顾自己侃侃而谈、不与网友及时互动的主播，通常不会太受观众欢迎。

刚接触直播的新人，往往会过于关注计划好的直播安排，担心直播没有按照既定流程推进，从而生硬地结束一个子话题，进入新话题。实际上，几乎没有百分之百按照规划完成的直播活动，任何直播都需要在既定计划的基础上随机应变。

为了带着观众跟随自己进入直播环节，主播需要多利用过渡性的语言进行引导。例如，“关于这个话题，咱们就讨论到这儿吧，大家觉得呢？接下来我会让大家大吃一惊，大家想看吗？想看的请用‘1’告诉我吧！”“今天时间有限，我们再挑选 3 条弹幕问题进行回复吧！3 条之后，我们一起进入下一个环节。”“看到大家还在热情地刷弹幕，太感谢大家的捧场了！不过我们的比赛马上就要结束了，10 分钟后大家一起来看看谁是第一名吧！”

三、注意节奏，防止被打扰

直播进行中，网友的弹幕是不可控的，部分观众对主播的指责、批评无法避免。如果主播过于关注负面评价，就会影响整体的直播状态。

在直播进行中，主播需要有选择性地与网友互动：对于表扬或点赞，主播可以积极回应；对于善意的建议，主播可以酌情采纳；对于正面的批评，主播可以幽默化解或坦荡认错；对于恶意谩骂，主播可以不予理会。

直播活动全场的掌控者是主播，因此主播必须注意直播节奏，避免被弹幕影响，特别需要避免与部分观众现场争执而拖延直播进度。

【议一议】

直播进行中，除本节强调的主要注意事项外，你认为还有哪些小细节需要注意？

第九节　宣传与引流的六种方法

在理清直播宣传关键点后，新媒体团队需要将宣传与引流落实到具体的细节当中。

直播前期引流的细节执行主要包括两部分，第一是引流物料的筹备，包括海报、视频、H5、文案等，物料根据直播具体内容来设计，一般需在引流宣传开始前三天就绪；第二是引流渠道的组合，将引流物料布局在自媒体文章、视频网站、问答网站等，常见的引流渠道或方法包括硬广、软文、视频、直播、问答、线下等。

一、硬广引流

硬广即硬广告的简称。企业新媒体团队可以利用官方媒体平台，直接进行直播宣传推广。常见的官方媒体平台包括官方网站、认证微博、官方微信公众号等。由于官方媒体平台属于企业的自有媒体，因此可以直截了当地将直播时间、直播账号、参与嘉宾、抽奖与惊喜等详细列出，完整地告知粉丝，并邀请其传达给自己的好朋友。

二、软文引流

与硬广告相比，软文突出一个“软”字。从用户角度，在标题、开头、正文等部分看不出任何广告的迹象，阅读到结尾后才能发现直播的宣传信息。

软文引流需要注意两个细节。第一是相关性，软文需要投放到目标用户活跃的平台或账号，否则推广效果就会大打折扣；第二是目的性，虽然是软文，但需要在文末引导用户点击直播间网址或下载直播软件。

三、视频引流

视频之于文章，正如电视节目之于报纸。由于视频比文章更容易理解，降低了受众的认知门槛，因此越来越多的企业开始利用视频进行宣传推广。当前网民普遍生活节奏变快，没有一个小时以上的完整浏览时间，所以短视频尤其受到用户的喜欢。在新浪微博、今日头条等平台，优秀的短视频可以达到上百万甚至千万级曝光效果。

四、直播引流

直播平台通常有“推送”“提醒”或“发布”功能，直播开始时，可以将直播消息直接推送给关注直播间的粉丝。因此，在直播开始之前，企业可以在同一直播平台进行预热，一方面鼓励观众关注直播间，积累原始粉丝；另一方面调试软件与硬件，争取在直播正式开始前达到最佳状态。

五、问答引流

传统的问答网站包括百度知道、搜索问问等，用户可以在问答网站获得想知道的答案，企业也可以借助问答网站，友好地回答网友问题，同时为企业做宣传。除了以上传统问答网站外，知乎问答、头条问答、果壳问答等，也都可以作为企业宣传与引流的渠道。例如，手机新品推广的直播，在开始前可以在问答网站回复“请推荐一款好用的手机”“哪款手机屏幕比较大”等问题，在友好回复的同时宣传直播，引导网友前往直播间。

六、线下引流

虽然直播营销属于新媒体营销的一部分，但传统渠道的引流效果也不容小视。如果企业有线下的渠道，如产品体验店、营业厅、线下门店等，完全可以借助线下渠道，以海报、宣传单等形式，宣传直播内容，引导线下消费者关注直播。

【议一议】

某家书店计划筹办“读书日”，邀请3~5位书籍作者参与当天的读书会并现场直播。假如你是本次活动的负责人，请设计前期推广策略。

第七章　突出重点：打造高附加值农产品

前面我们已经掌握了利用短视频带货和直播销售农产品的方法，学习方法不是目的，我们学习的最终目的就是让我们的农产品有一个好价格，卖出一个好价钱，提高农产品生产者的效益。这一章我们主要从产品设计、产品包装、价格制定等5个方面进行讨论。

【引导案例】

农产品电商，好质量才有好销量

农产品电商不是简单的把农产品搬到网上，更重要的是通过市场倒逼农业转型升级。销量体现在网上，但关键还是在田里，在农产品实实在在的质量。

日前在花木之乡河南鄢陵县采访，遇到这样一位“新农民”，80后的他子承父业，种蜡梅，却没有走父辈打捆批发的“老套路”，而是选择新品种，网上销售。他一边在网上直播插花顺便带货，一边在网店推出特色蜡梅的鲜切花，两三个月竟然卖了七八万元。他感慨，互联网这块新“大田”想要种好，还真有门道。

的确，近年来随着农村基础设施的改善，网络建设加快推进，越来越多的农民搭上互联网快车。他们尝试网络销售、指尖“耕耘”、直播带货，让自家地里产的、山上采的“乡字号”“原字号”产品飞出大山，飞进更大的市场，获得更好的收入。疫情防控期间，就有上万间蔬菜大棚成了乡村主播的直播间。截至目前，一半以上返乡下乡人员创业创新运用了互联网等现代手段。

但也要看到，想种好互联网这块“大田”并不容易。就拿前段时间火爆的直播带货来说，有的农民直播一个多月，粉丝没见涨，农产品销得也不够理想。有的好不容易卖出去，农产品质量没有“说得那么好”。仔细想想，种好互联网这块“大田”其实跟种地道理一样：一哄而上很难避免出现“卖难”的现象，拔苗助长终究换不来好收成。

耕种互联网这块“大田”，销量体现在网上，但关键还是在地里，要确保产出高质量的农产品才是重要的前提。农产品有了特色、保证了质量，有了竞争力，这样才有实现好身价的可能。笔者在采访中遇到不少农产品“触网”不理想的情况，大多都跟质量不过关有关系。例如，同样是网购苹果，你卖的果型大小不一，洁净度差，还掺杂着裂口果、残次果，买过一次的消费者又怎么会成为回头客呢？

如何用高品质的农产品去赢得网上市场？笔者觉得，他山之石，可以攻玉。赣南脐橙、广东荔枝等触网成功的网红农产品，“一时火”并非偶然。它们无一不是拥有良好的产业基础，厚植在完整的产业链之中。质量的维护、品牌的树立、产品形态的更新，凝结着乡亲们的汗水。走过低谷、高峰，见过风风雨雨，日复一日的坚持才有了网店里的一个个订单和一声声好评。这些成功经验告诉我们，农产品电商，不是简单把农产品搬到网上，更重要的是通过市场倒逼农业转型升级，打造一条贯穿生产和销售全流程的高质量供应链。

这两天，那位“新农民”又传来好消息：他扎进地里学种植，走出去到各地求教，原本只开黄花的蜡梅在他的精心培育下开出了红花，还开发出了其他几个新品种，网店试卖，已经收获不少订单。

为能耕种好互联网这块新“大田”的“新农民”们点赞！

（资料来源：人民日报，2020-07-26）

【想一想】

为什么说农产品短视频直播电商，好质量才有好销量？通过本案的学习，让我们有哪些启发？

第一节　找准农产品的卖点

一、何谓农产品卖点？

卖点是指商品具备了前所未有、别出心裁或与众不同的特色、特点。

二、如何提炼农产品的卖点？

1. 外观

主要从产品的风格、形状、款式、色调、材质、新技术、原料、地域等方面入手。

2. 功能

产品功能同中有异，提炼功能卖点上主要侧重这一“异”字。

3. 价格

高—中—低。

4. 文化

洋（欧派橱柜）—土（农夫山泉）。

三、特色种养加产品前景看好的项目

（一）种植业以蔬菜为例

每年春耕时节，“选购什么种子、种什么菜”关系农民一年的收成。我国地域辽阔，蔬菜种类众多，资源十分丰富，种植蔬菜具有很大的潜力，前景十分广阔。

1. 菌类蔬菜

各种作物秸秆在接入不同食用菌菌种后，生产出的各类食用菌产品，不用化肥、农药，被公认为健康食品。有关人士预言，未来的餐桌消费将是“无菌不成食”，市场前景看好（图 7–1）。

2. 芽苗蔬菜

采用工厂化方法生产，具有无公害、生长快、质脆嫩、风味佳、易消化的特点。如香椿芽、花生芽、豌豆苗、萝卜苗以及蒜苗等（图 7–2）。

图 7–1 菇类

图 7–2 香椿芽

3. 辛辣蔬菜

这类蔬菜有刺激人的食欲和减肥等作用。如圆葱、辣椒、韭菜、大蒜、生姜等（图 7–3）。

图 7–3 圆葱

4. 保健蔬菜

该类蔬菜具有保健作用，人们用它制作菜肴、食品，不仅风味特殊、味道鲜美、营养丰富，而且又能治病、防病，因此，很受广大消费者的青睐。如冬瓜、莲藕、香椿、蒲公英、南瓜等，其中南瓜还是糖尿病人理想的补糖食物（图 7-4）。

图 7-4　保健南瓜

5. 芳香蔬菜

自身能够发出一种特殊的芳香气味，且具有一定的医疗功效。如芫荽、芹菜、球茎茴香（图 7-5）、紫苏、薄荷等。

图 7-5　球茎茴香

6. 无土蔬菜

采用特殊基质，配施特殊营养液进行无土栽培生产出的蔬菜（图 7-6）。由于没有废水、废气、废渣污染，甚至不用化肥、农药，市场前景十分看好。

图 7-6　无土蔬菜

（二）养殖业以养猪为例

1. 乳化

江苏省东台市四灶镇户户养乳猪，“拱出”一个大产业，产品打进中国台湾、新加坡市场，最高价每只卖到 60 美元，年销售收入达 1.2 亿元，人均增收 1 500 多元。这一诱人的数字，足以让我们看到嫩乳农产品的发展前景（图 7-7）。

图 7-7　烤乳鸽

2. 野化

武汉应城市城北办事处农民万小涛，抱着刚出生的小野猪，脸上溢满笑容。几年前，万小涛自筹资金 100 多万元，回乡注册创办了应城市天鹏野猪养殖场，年可出栏野猪 1 000 多头，目前出栏的 100 多头野猪已被江苏、上海、广东等地的客户包购，野猪行情一路看好（图 7-8）。

图 7-8　野猪

3. 土化

发生在广州、上海等地的“瘦肉精事件”余波未了，“土猪肉”却在厦门一炮走红。最近，厦门农贸市场中突然冒出了庞大的“土猪肉”零售队伍，“土猪肉”价格也一路坚挺（图 7-9）。

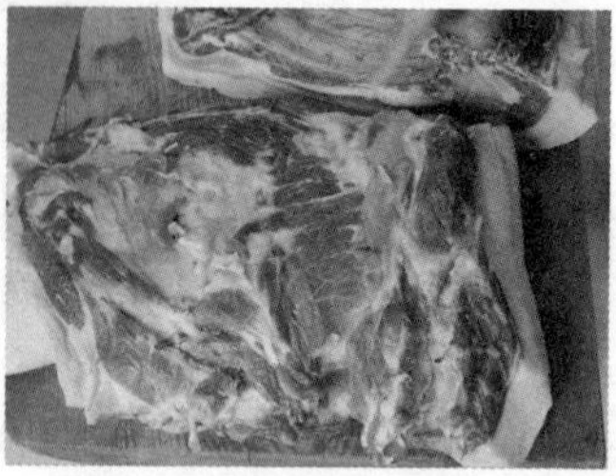

图 7-9　土猪肉

4. 宠化

图 7-10　荷兰香猪

在南京夫子庙室内宠物市场里，一种名为“荷兰香猪”的迷你型宠物猪十分惹人喜爱。据介绍，这种宠物猪出生时重 400 多克，一般 5 个月发育成熟。因采用基因技术，它的体重不会超过 5 千克，但售价高达 1 000 元（图 7-10）。

5. 小化

原产于广西壮族自治区巴马瑶族自治县的“巴马香猪”是普通猪的缩小版。外貌清秀，中间白两头黑，个头矮小短圆，身高体长不过 1 尺（1 尺 ≈ 0.33 米）多，这些袖珍猪生长缓慢，再怎么长也不会超过 45 千克，是世界上罕见的微型猪种之一。别看个头小，可是肉味独特，营养价值极高。肉质细嫩，清香甘甜，脂肪仅占普通猪的 18.8%～28.1%，契合了时下都市人健康生活的需求，很受市场欢迎（图 7-11）。

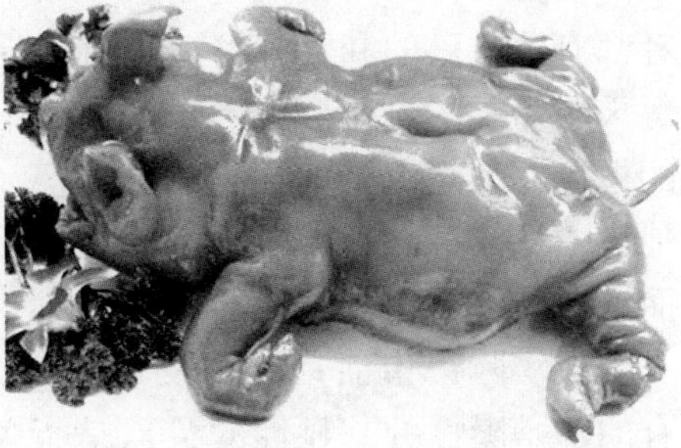

图 7-11　烤乳猪

【议一议】

什么是农产品的卖点？试找出你的农产品的卖点。

第二节 紧抓农产品的买点

【引导案例】

休闲观光农业的卖点和买点

休闲观光农业是顺应城乡消费需求，利用田园景观和农业资源，提供观赏、采摘、垂钓、游乐、餐饮等体验性户外休闲活动，是融合经济功能、生态功能、社会功能于一体的新兴朝阳产业。

一、何为农产品的买点？

所谓“买点”，是站在顾客的角度看购买农产品能为他们带来哪些利益，利益点就是买点。

在任何涉及交换的经济活动和社会生活中，个体的交换者都有着自己的利益诉求。亚当·斯密直截了当地说，“我们每天所需要的食物和饮料，不是出自屠户、酿酒家或面包师的恩惠，而是出于他们自利的打算。我们不说唤起他们的利他心的话，而说唤起他们利己心的话。我们不说自己需要，而说对他们有利”。

在实际销售活动中，发现关键人的买点有的是显性的，有的却是隐性的。显性的买点是指关键人能够或愿意与销售方直接交流的买点；而隐性的买点是指关键人不愿意与销售方直接交流的买点。让我们来看下面一个例子。

一位购买大排量奥迪轿车的关键人可以有这样一些买点：宽敞舒适、动力强劲、彰显位高权重、油资单位支付，对于前面二项关键人愿意公开表达，对于后面两种则比较隐讳。如图 7-12 所示。

在购买和产品使用的整个过程中，每个关键人都可以有自己的买点。每个人自己的买点的具体内容和体现形式都可以不同。购买获得欢愉、快乐；购买可以避免的损失、减少

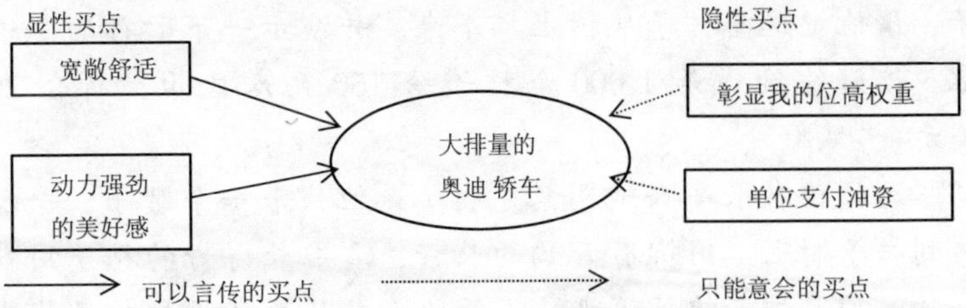

图 7-12　隐性买点和显性买点

的痛苦；提高生活质量；改善工作效绩；购买和使用带来的经济利益、个人声誉、政治前途、人际利益等，它们都可以是某个关键人自己的买点。在组织购买过程中，就算某个关键人的购买行为纯粹是在为“组织利益”着想，他或她也能从“相关的优秀工作成绩”中获得自己个人的“利益”，如组织给予的各种“奖励”：提薪提职、得到赏识和重用、工作被认可等，不一而足。

由于隐性买点问题在销售活动中的重要性，我们还会在本章第四节中谈及它，这里先为读者提供一个实例，以助我们讨论寻找和把握隐性买点的一般原则和做法。

二、买点包括哪些方面？

由于买方不同决定了买点也包括不同的内容，针对终端消费者这样的买方，买点主要包括：经济、方便、安全、美观、成就感等方面；而针对中间商这样的买方，买点主要包括卖的数量、卖出的时间、利润空间和利润多少等方面。

三、从哪些方面提炼农产品的买点？

【讨论案例】

老外买柿子

美国的一个摄制组，想拍一部中国农民生活的纪录片。

他们来到中国某地农村，找到一位柿农，说要买他 1 000 个柿子，请他把这些柿子从树上摘下来，并演示一下贮存的全过程，谈好的价钱是 1 000 个柿子给 160 元人民币，折合 20 美元。

这位柿农很高兴地同意了。于是他找来一个帮手，一人爬到柿子树上，用绑有弯钩的长杆，看准长得好的柿子用劲一钩一拧，柿子就掉下来。下面的人就从草丛里把柿子找出来，捡到一个筐里。柿子不断地掉下来，滚得到处都是。下面的人则手脚飞快地把它们不断地捡到竹筐里，同时还不忘高声大嗓地和树上的人拉着家常。在一边的美国人觉得这很有趣，自然全部都拍了下来，接着又拍了他们贮存柿子的过程。

美国人付了钱就准备离开，那位收了钱的柿农却一把拉住他们，说你们怎么不把买的柿子带走呢。美国人说不好带，也不需要带，他们买这些柿子的目的已经达到了，这些柿子还是请他自己留着。

天底下哪有这样便宜的事情呢？那位柿农心想。于是他很生气地说：我的柿子很棒呢，质量好得很，你们没理由瞧不起它们。美国人耸耸肩，摊开双手笑了。他们就让翻译耐心地跟柿农解释，说他们丝毫没有瞧不起他这些柿子的意思。

翻译解释了半天，柿农似懂非懂地点点头，同意让他们走。但他却在背后摇摇头感叹说：没想到世界上还有这样的傻瓜！

那位柿农不知道，他的 1 000 个柿子虽然原地没动就卖了 20 美元，但那几位美国人拍的他们采摘和贮存柿子的纪录片，拿到美国去却可以卖更多的钱。

那位柿农不知道，在那几个美国人眼里，他的那些柿子并不值钱，值钱的是他们的那种独特有趣的采摘、贮存柿子的生产方式。

那位柿农不知道，一个柿子在市场上只能卖一次，但如果将柿子制成“信息产品”，一个柿子就可以卖一千次一万次甚至千千万万次。

（资料来源：小故事，2012-03-16）

【议一议】

只会种柿子，只知道柿子值钱还是不够的。要想致富，要拓宽思路，找到产品其他有价值的买点。

【感悟】

产品购买和使用过程中的关键人的基本认知、心理和行为模式是“趋利性的”，买点和卖点是关键人关注的“具体价值”。认识、发现、创造和提供客户价值不能只是一句口号，它需要人们真正关注关键人认同和接纳的买点和卖点。农产品没有了卖点就没有了特色，没有了买点就没有了价值。

“买点”是买方独特的购买主张，与卖点的提炼以企业和产品功能利益为基础不同，买点的提炼是以消费者的需求为基础的，围绕的消费者对产品功能利益和品牌附加利益的需求而展开，因而买点的提炼与卖点的提炼在方法和原则上有着截然不同的区别。

（一）买点的发掘原则

1. 先有买点，再有产品（或服务）

卖点是基于现有产品而进行的一种功能表述的挖掘，即有利益说利益，没有利益找说法，说法不够造概念，其目的是在已有产品功能的基础上，通过对产品功能利益或描述方法的挖掘以吸引潜在消费者。卖点的基本特征是先有产品再去找卖点，而与卖点截然不同的是，买点是通过发掘消费者的潜在需求，以消费者的潜在需求为基础，指导和规划企业产品开发、广告策划、市场推广、媒体传播。可以说，买点是企业市场运作的基石，是所谓整合营销传播的核心，企业所有的市场行为都围绕着买点而展开，企业所做的一切都是买点的深化和广化。简言之，是先有买点，再有产品。

2. 在消费者需求变化中寻找买点

根据马斯洛需求层次理论，消费者的需求是存在着层次的，由低到高依次为生理需要、安全需要、社交需要、自尊需要、自我实现需要，这5个层次的需要会随着生活条件和社会环境的变化而不断提升和变化，所以作为以消费者需求为基础的买点，自然需要随着消费者需求的变化而变化。如现在市场上很火的王老吉凉茶，之所以能成功是因为满足了消费者对降火的需求，因而王老吉上市的初始阶段，其买点就是降火。但是随着降火概念的普及，竞争品牌的不断增多，市场上具有替代功能的产品越来越多，消费者对凉茶的需求就会发生改变，会从单纯的功能需求向更高层次的需求转变，单纯的实物功能因为众多替代品的出现，已经无法牢系王老吉和消费者之间的亲密关系，此时王老吉凉茶就需要对买点进行及时的调整，从单纯的功能诉求向情感诉求进行转变。假如王老吉凉茶在现阶段不及时对品牌买点进行调整，其目前领先的市场优势会逐渐丧失，品牌也会迅速老化。

所以，消费者的需求、买点以及以买点为基础的品牌都是动态的，是不断变化的。买点的发掘是一个动态的过程，不是一个静止的动作。

买点是一个系统工程，而不是单纯的功能利益描述。一个完整的买点包括品牌的实物功能规划、品牌的附加价值规划、品牌的市场推广策略及品牌的广告传播等。

买点以满足消费者潜在的或者未被满足的需求为目标，而不拘泥于现有市场和需求的竞争，以前瞻性和创新性带领企业和品牌进入“蓝海”。同时，消费者的需求具有隐蔽性，需要引导和激发。

（二）买点的发掘方法

买点是以消费者的需求为基础的，因此买点的发掘也与消费者的需求紧密联系。众所周知，消费者的需求是存在层次的，生活水平和社会环境的变化都会导致消费者需求的提升，因此发掘买点的一个重要指导思想就是根据消费者当前的消费需求特征，预测和引导消费者更高层次的消费需求。

虽然作为买点基础需求的具体表现形式千变万化，形形色色，但万变不离其宗，通过分析整理，我们可以将买点发掘的方法归纳为以下几点。

1. 未被细分的消费人群

如中国移动通过细分移动电话的消费人群，发掘出了针对年轻一族和低收入人群通信消费的买点，成功地推出了动感地带和神州行品牌。相对而言，中国联通在这一方面的能力就比较弱。

2. 未被细分的产品品类

如苹果的iPod，在当时闪存MP3独霸市场的环境下，苹果公司另辟蹊径，根据消费者期望拥有更大容量音乐播放器和更酷、更时尚音乐体验的潜在需求，成功推出iPod系列大容量MP3音乐播放器和iTunes播放下载软件。其超大容量的实物功能定位和更酷、更时尚的品牌形象定位让iPod在短时间内便风靡全球，独领风骚。又如，苹果公司在各大笔记本品牌纷纷往更小化方向发展的时候，根据其潜在消费者在设计和作图时期望更大屏幕的需求，推出了屏幕达17英寸（1英寸≈0.03米）的超大尺寸笔记本。

3. 未被满足的品牌实物功能需求或更高层次的品牌心理需求

如前所述，消费者的需求是存在层次的，当一个层次的需求得到满足后，消费者的需求会向更高层次发展。如闪存式 MP3 播放器，其最初以体积小、方便携带、使用成本低的特点淘汰了 CD 机，但当闪存式 MP3 播放器被普及的时候，消费者又产生了期望拥有更大容量 MP3 播放器，能够随身携带更多歌曲的需求，并期望能够得到比现有品牌更酷、更时尚的音乐体验，于是 iPod 应运而生。再如汽车，其最初是因为方便、快捷等特点满足消费者出行需要这一买点而取代马车的，但当汽车的基本功能被普遍接受之后，消费者对其又产生了诸如更快、更豪华、更安全等更高层次的需求，并掺杂了诸如代表身份、地位、社会优越感等心理需求，于是奔驰、宝马、法拉利、劳斯莱斯、迈凯伦等品牌应运而生。再如好记星的成功，是因为其满足了学生对快速提高英语成绩、家长对成为一个关心学生成长的爱心家长的愿望的需求。

其他诸如时尚、健康、美丽、尊贵、爱心、豪华、精致、新潮、酷等诸多元素也都可以提供给消费者更高层次的消费满足，因而也都是买点发掘的切入点。

【议一议】

农产品的买点和卖点有什么区别和联系？通过本节的学习对你的农业生产有哪些指导作用？

第三节　增加农产品附加值

附加值传统的定义是附加价值的简称，是在产品的原有价值的基础上，通过生产过程中的有效劳动新创造的价值，即附加在产品原有价值上的新价值。

附加值的定义：由于产品创造并满足了客户更高层次的需求而使企业获得的超额回报。即消费者为得到产品或服务而付出的价钱与企业为产品付出的成本之间的差值就是附加值，差值越大，企业获得的附加值越高。

创造附加值就是满足消费者的更多心理需求，创造与竞争对手的差异，强化消费者的认同而使消费者愿意付出更高的价格，从而使企业对产品的投入少、产出多，为企业带来高回报、高收益。

附加值满足了消费者更高层次的需求，产品可以制定更高的价格；有了附加值消费者的认知度很高、具备很强的影响力，可以带来更大的销量；高附加值能使消费者具备很强的忠诚度更稳定更抗风险。对农民朋友来讲比较容易掌握的增加农产品附加值的方法可以有以下 4 种。

1. 故事产生附加值

给农产品的背后增加一个故事，故事值钱。如褚时健的橙子、柳传志的猕猴桃，提到他们的产品我们首先想到的是两个人物的传奇经历。

2. 给农产品增加象征意义

由原来餐桌上的普通饭菜，变成时尚的礼品，附加的象征意义使农产品更值钱（图 7-13、图 7-14）。

图 7-13 礼仪苹果

图 7-14 礼品南瓜

3. 快乐产生附加值

给农产品生产、加工、销售过程中增加一些快乐，如市民到农村开垦菜园、参加蔬菜水果的自由采摘活动、散养鸡场的顾客抓鸡活动等，快乐产生附加值。

4. 高科技产生附加值

引进高科技，高科技产品能产生附加值（图 7–15）。

【议一议】

什么是农产品的附加值？如何增加你的农产品的附加值？

图 7–15　太空育种大南瓜长丝瓜

第四节　网络品需要靓包装

一、农产品的包装

1. 何为农产品包装？

农产品包装是指农产品分等、分级、分类后实施装箱、装盒、装袋、包裹等活动的过程和结果，其中也包括对农产品的清洗、分割、冷冻等活动。

2. 包装有哪些功能？

包装是产品无声的代言人，包装是产品的一个有机组成部分。具有保护商品；便于运输、贮存、携带和使用；促进销售；增加商品的价值；环保等功能。

3. 如何设计包装？

产品包装要满足消费者的心理变化；产品包装要适度；包装图案的设计必须以吸引顾客注意力为中心；包装设计要

考虑文化这一因素；重视防止包装的模仿和“盗版”。

二、农产品的包装策略

发达国家的农产品是一流的产品，一流的包装，一流的价格。而我国的农产品则是一流的产品，三流的包装，三流的价格。新型农民经营主体为了提高经济效益，要通过包装设计，激发顾客的购买欲望，提高农产品市场竞争力。农产品采用何种包装可以根据自身经营情况、产品特点、市场需求选择如下几种策略。

1. 突出农产品形象

突出农产品形象，是指在包装上通过多种表现方式突出该农产品是什么、有什么功能、内部成分、结构如何等形象要素的表现方式。这一策略着重于展示农产品的直观形象。随着购买过程中自主选择空间的不断增大，新产品不断涌现，厂商很难将所有产品的全部信息都详细地向消费者介绍，这种包装策略通过在包装上再现产品品质、功能、色彩、美感等，有助于商品充分地传达自身信息，给选购者直观印象，真实可信，以产品本身的魅力吸引消费者，缩短选择的过程（图 7–16）。

图 7–16　笨鸡蛋包装

2. 突出农产品用途和使用方法

突出农产品用途和用法的策略是通过包装的文字、图形及其组合告诉消费者，该农产品是什么样的产品，有什么特别之处，在哪种场合使用，如何使用最佳，使用后的效果是什么。这种包装给人们简明易懂的启示，让人一看就懂，一用就会，并有知识性和趣味性，比较受消费者欢迎。

3. 展示企业整体形象

企业形象对产品营销具有四两拨千斤的作用，因此，很多企业从产品经营之初就注重企业形象的展示与美誉度的积淀。运用这种包装策略的企业文化积淀比较深厚。有的企业挖掘企业文化透彻，并且能与开发的农产品有机地融合起来宣传，达到了既展示企业文化、介绍其产品、给消费者留下深刻印象，又有利于促销的目的。

4. 突出农产品特殊要素

任何一种商品农产品都有一定的特殊背景，如历史、地理背景，人文习俗背景，神话传说或自然景观背景等，包装设计中恰如其分地运用这些特殊要素，能有效地区别同类产品，同时使消费者将产品与背景进行有效连接，迅速建立概念。这种包装策略运作得好，给人以联想的感觉，有利于增强人们购买的欲望，扩大销路。

佛靠金装，人靠衣装，产品靠包装，好包装会说话！

包装是产品与消费者沟通交流最重要的媒介之一，是决胜终端"临门一脚"最实效的手段之一。因此，包装绝对不是包装本身，包装也绝对不是美观好看那么简单，农业企业必须从品牌定位与营销传播的高度，制定设计策略，指导设计方案（图 7–17）。

图 7–17　丽江雪桃

【议一议】

农产品包装有哪些策略？结合你的产品谈谈你如何设计包装？

第五节　农产品还要巧定价

一、农产品定价的依据

农产品直播经营者在选择定价方法之前，首先要了解农产品定价的依据，主要包括以下几点。

1. 产品的成本

农产品成本是价格的最低界限，如果按照这个价格销售农产品，那么农民出售农产品所获得的收入仅能补偿农产品成本消耗，并不能获得农业经营利润。农产品成本主要由固定成本和变动成本构成的。不随产量或销量的变化而发生明显变化的是固定成本，通常称为农产品一般管理费用，具体包括机器、厂房、折旧、取暖、照明、保险费和管理人员工资等费用。而变动成本是随产量或销量变化而发生直接变化的，具体包括原材料、外购半成品、工人工资、包装材料和销售等方面的支出费用等。总成本是指固定成本和变动成本的总和，农产品价格至少应弥补总成本。在市场中，产品成本低的企业在价格方面有很大的主动性，所以企业总是力图降低成本。随着农产品生产交易量的加大，就会为降低产品的成本创造条件，从而增加获利空间。

2. 市场需求

成本决定了价格的底线，需求则是制定价格的高压线。顾客通过将购买产品的付出和购买产品所带来的可感知价值或利益进行比较，从而得出该产品是否优劣，自己是否购买的结论。企业定价不仅要考虑弥补成本，更重要的是要捕捉顾客心目中的可感知的价值。如果企业能让顾客充分地认识到产品能带来的价值，当顾客关心这种价值胜过计较价格的时候，企业就可以把价格定得较高。

3. 竞争状况

农产品生产经营者在做价格决策时，需要考虑竞争者的成本、价格及对自身价格变动可能做出的反应。例如，一个消费者当想要购买一箱鸡蛋时，往往会将超市里的普通鸡蛋与专卖店里的土鸡蛋、有机鸡蛋的价格进行对比，再根据买此箱鸡蛋是自己吃还是送礼，最后做出是否购买高价鸡蛋的决定。如果市场处于高度竞争的状态，产品的供应种类相似，农产品经营者想制定一个高于现行价格的价格将不会吸引太多购买者。因为如果价格太高，购买者就会转向其他生产经营者的产品。如果市场存在适度竞争，产品有较大的差异，则对产品定高价可以获得成功。因为消费者会认为其所供应的产品与众不同，有独特性。

4. 国家经济政策

虽然国家直接管理和干预农产品价格的种类已经很少，但是，国家政策尤其是经济政策的制订与改变，都会对农产品价格产生一定的影响。

二、农产品定价方法

1. 成本导向定价法

按照单位产品成本加上一定百分比的加成（一定比率的利润）来制定产品的价格公式：

单位价格（P）= 单位产品成本（C）［1+加成率（R）］

优点：简单易行，市场环境稳定的情况下，可获取预期的利润。

缺点：生产导向的定价方法，计算缺乏科学。

练习：某厂生产某种商品 1 万件，固定总成本 40 万元，变动总成本 60 万元，预期利润率 20%，试按成本加成定价法计算每件商品的销售价格。

解答：单位商品成本 C=（40+60）/1=100（元）

根据 $P=C(1+R)=100(1+20\%)=120$（元）

因此，单位商品销售价格为每件 120 元。

2. 需求导向定价法

以消费者对产品的需求强度和对产品价值的理解程度为依据，制定产品价格的一种方法。由于消费者的需求受很多因素的影响，因此，需求导向定价也会因时间而异：农产品在不同的季节价格是不同的，供应旺季较便宜，淡季较贵。因地点而异：在农产品的产地价格往往较便宜，在异地较贵。因顾客而异：针对高档顾客，农产品的定价要高一些；对中低档收入阶层，农产品的定价要低一些。因产品式样而异：产品的式样、规格、质量不同定价也不同。

3. 竞争导向定价法

企业通过研究竞争对手的生产条件、服务状况、价格水平等因素，依据自身的竞争实力，参考成本和供求状况来确定商品价格。竞争导向定价大致分为三种类型。随行就市定价法：以本行业竞争者，即同行业企业的一般水平作为本企业的定价基础。投标定价法：买方引导卖方通过竞争择优成交取得最低商品价格的定价方法。竞争差异定价法：根据竞争对手的有关情况，对照本企业产品的情况，制定出高于或低于竞争者的价格。拍卖定价法：产品所有人或其代理人采取公开叫卖式，引导买方报价，利用买方竞争求购心理，从中选择最高价格成交。

三、农产品定价策略

农产品的定价策略多种多样，经营者要根据自己生产产品的成本和市场情况进行选择，同时参考竞争者产品的特色和价格，确定自身要建立怎样的营销形象。

1. 渗透定价策略

农产品的同一个品种具有较大的同质性。因此，经营者往往采取低价来吸引众多消费者。其理论根据是市场上存在一大群普通消费者，他们的购买行为相当理智，希望支付较低的价格来获得较高的满足。所谓低价，是相对于产品品种和服务水平而言的。这种策略的优势在于：低价低利能够有效地阻止竞争者加入，产品能较长时间占领市场。渗透定价策略的适用范围是：新产品进入市场；产品市场规模大，市场竞争性较强；产品需求弹性较大，消费者对产品价格反应敏感，稍微降价就会刺激需求；大批量生产能显著降低成本；薄利多销的利润总额大于按正常价格销售的利润总额。

2. 撇脂定价策略

撇脂的字面意思是指从牛奶表面逐层撇取奶脂，撇脂定价是指新产品进入市场后，经营者有意识地把产品价格定得大大高于成本，使其能在短时间内把开发新产品的投资和预定的利润迅速收回。采用这一策略的经营者在促销时，产品价格定到什么程度不以成本为标准，只要能满足顾客的炫耀心理，能显示出商品的高品质、高附加值即可。这一策略的实施往往配合以强大的宣传攻势，将产品推向市场，使消费者尽快地认识新产品，在短时间内形成强烈的需求欲望和购买动机。当然，采取高价策略要有支持高价的产品特性。例如，高价产品应该能突出显示消费者的地位和财富，意味着产品高品质、高档次等。

3. 尾数定价策略

一般消费者往往认为尾数价格是经过精密计算的，因而产生一种真实感、信任感、便宜感。尾数定价策略可以顺应某些地区、民族的风俗习惯，从而有利于扩大销售。如 500 克鸡蛋标价 5.90 元比标价 6.00 元更能吸引顾客。现在用的尾数比较多的还有 8，取“发财”中“发”的谐音。

4. 整数定价策略

根据消费者自尊心理的需要，对一些高级商品要采取整数定价，因为这种定价能满足顾客的虚荣心。例如，一盒人参礼品如果定价为 59 元，就不如定价 60 元为好。因为顾客心理感觉 59 元只是 50 多元，没有超过 60 元，心理上得不到满足，不易引起购买动机。

5. 分档定价策略

分档定价就是根据不同顾客、不同时间和不同场所，在经营不同牌号、不同花色和规格的同类产品时，不是一种商品一个价格，而是把商品分为几个档次，每一档次定一个价格。分档定价的形式有以下几种。

（1）针对不同顾客群体定不同价格。如许多会员商店，对会员顾客实行标明的价格售货，而对非会员顾客购物则要加收价格的 5%~10%。

（2）针对同一产品，按不同花色、样式和规格实行分档定价。如把同为红富士品种的苹果按照大小分成不同的等级（75、80、85、90），每个等级确定一个价格；出售猪肉时，根据不同部位（前槽肉、后肘肉、当腰肉、里脊肉、排骨肉等）确定不同的价格。

（3）针对位置不同分档定价。根据销售场所的区位优势，交通便利程度、商场繁华度、消费群体层次等因素确定不同的价格。

（4）针对按时间不同分档定价。如在一些大的超市里鲜鸡蛋早上和晚上的价格不同。再如同样的新鲜蔬菜元旦、春节期间价格要比平时高出一倍，甚至几倍。分档定价可以使消费者感到商品档次高低的明显差别，为消费者选购提供了方便。但分档不宜太少也不宜太多，因为档次太多，价格差别太小，起不到分档作用；档次太少，价格差别太大，则容易使期望中间价格的顾客失望。实行分档定价要注意以下几点：市场是可以细分的，且每个细分市场的需求强度不同；

商品不可能从低价市场流向高价市场，不可能转手倒卖；高价市场上不存在削价竞争；分档定价不应引起顾客不满等。

6. 折扣定价策略

折扣定价策略指经营者在顾客购买商品达到一定数量或金额时予以价格折扣。折扣定价策略包括以下几种。

（1）数量（金额）折扣。指卖主为了鼓励顾客多购买，达到一定数量（或金额）时给予某种程度的折扣。其形式有累进折扣和非累进折扣两种：累进折扣为买方在一定时期内累计购买达到一定数量或金额时，给予一定折扣，购买越多，折扣比例越高。非累进折扣是当一次购货达到卖主要求的数量或金额时，就会给予折扣优待。

（2）现金折扣。现金折扣是指消费者在赊销购物时，如果买方以现金付款或者提前付款，可以得到原定价格一定折扣的优惠。通常用 3/10、2/20、*n*/30 来表示付款条件，如 3/10是指 10 天内付款可享受 3%折扣；2/20 指在 11~20 天内付款可享受 2% 的折扣；*n*/30 指 20~30 天付款不享受折扣，按原价付款。主要是销售商为及时回收货款而采取的一种价格促销方式。

（3）交易折扣。根据各类中间商在市场营销中功能的不同给予不同的折扣。交易折扣的多少，视行业、产品的不同以及中间所承担的责任多少而定。一般来说，批发商折扣较多，零售商折扣较小。美国百货业的习惯是按零售价格 40% 和 10%给予折扣，例如商品农产品零售价格为 50 元，商业折扣为 40%与 10%，意思是：零售商对批发商付款 30 元（50-50×40%），批发部门对生产者付 27 元（30-30×10%），对不同功能的商业部门给予不同的折扣，使它们在不同的环节上都能得到合理利润，乐意经销生产者产品。交易折扣表现在农产品销售中为产地价、批发价、零售价的差价。

（4）季节折扣。为了鼓励中间商和消费者提前购进季节性强的商品，如春夏季购进冬季产品，以减少企业资金占用和库存费用，常常给予中间商和消费者一定的季节折扣。农业、服装业是适合实行季节折扣的典型行业。

7. 地区定价策略

地区定价策略，就是当把产品卖给不同地区的顾客时，决定是否实行地区差价。地区定价策略的关键是如何灵活对待运输、保险等费用，是否将这些费用包含在价格中。因为在农产品定价中运费和保险费是一项很重要的因素，特别是运费和保险费占成本比例较大时更应该重视。具体方法如下。

（1）产地定价。指顾客在产地按出厂价购买产品，卖主负责将产品运至顾客指定的运输工具上，运输费用和保险费全部由买方承担。这种定价方法对卖方来说是最简单和容易的，对各地区的买主也是适用的。

（2）统一交货定价。是指不论买主所在地距离远近，都由卖主将货物运送到买主所在地，并收取同样的运费。这种策略类似于邮政服务，因此又被称为“邮票定价法”。该策略适用于重量轻、运费低廉，并占变动成本比重较小的产品。它可以使买方感到免费运送而乐于购买，有利于提高市场占有率。

（3）分区运送定价。这是卖方将市场划分为几个大的区域，在每个区域内实行统一价格，与邮政包裹和长途电话收费近似。

【议一议】

农产品的定价有哪些策略？谈谈你的农产品如何定价，为什么？

主要参考文献

勾俊伟，2017. 直播营销［M］. 北京：人民邮电出版社.

史安静，2016. 农产品质量安全与提质增效［M］. 北京：金盾出版社.

史安静，2017. 农产品质量安全与市场营销［M］. 北京：金盾出版社.

史安静，2018. 农村电商［M］. 北京：中国农业大学出社.

郑昊，2019. 短视频策划、制作与运营［M］. 北京：人民邮电出版社 .